Hans-Jörg Koch

*Die Muse Wein*

Hans-Jörg Koch

*Vom guten Geist der Dichter und Künstler*

# *Die Muse Wein*

## Zwischen Rausch und Kreativität

VERLAG PHILIPP VON ZABERN · MAINZ

159 Seiten mit 7 Farb- und 29 Schwarzweißabbildungen

Gedruckt mit Unterstützung der Deutschen Weinakademie

*Umschlag:* Bildnismedaillon Carl Friedrich Bellman;
Hintergrund: Deckenmalerei aus der Grabkammer des Sen-nefer
(siehe Seiten 135, 147)
*Vorsatz:* Traubenbank (Ausschnitt), Pfarrkirche Kiedrich im Rheingau
(siehe Seite 151)
*Frontispiz:* Schubert beim Wein in Grinzing
(siehe Seiten 75, 149)

*Die Deutsche Bibliothek – CIP-Einheitsaufnahme*

**Koch, Hans-Jörg:**
Die Muse Wein : zwischen Rausch und Kreativität ; vom guten Geist der
Dichter und Künstler / Hans-Jörg Koch. – Mainz : von Zabern, 2001
ISBN 3-8053-2795-1


2. Auflage 2003
© 2001 by Verlag Philipp von Zabern, Mainz am Rhein
ISBN 3-8053-2795-1
Satz: Verlag Philipp von Zabern, Mainz
Gestaltung: Lothar Bache, Verlag Philipp von Zabern, Mainz
Lithos: Scan Comp GmbH, Wiesbaden
Printed in Germany by Philipp von Zabern
Printed on fade resistant and archival quality paper (PH 7 neutral) · tcf

# Die Muse Wein

Im Jahre 1769 erschienen »Yoricks Betrachtungen über verschiedene wichtige und angenehme Gegenstände« (englischer Originaltitel: »Yorick's Meditations upon Various Interesting and Important Subjects«, 1760). Einige Zeilen daraus lesen sich wie eine Rechtfertigung von Idee und Titel des vorliegenden Buches, dessen Texten sie darum vorangestellt seien:

*Oh du unsichtbarer Geist des Weines,*
*wenn wir keinen anderen Namen haben, womit wir dich nennen können,*
*so heiße DIE MUSE,*
*denn das ist gewiß,*
*daß tausend mal mehr Poeten durch dich begeistert worden sind,*
*als durch alle Wasser des Helikons.*
. . . . .
*Kein Wassertrinker, wenn wir dem Horaz glauben,*
*hat jemals ein unsterbliches Gedicht gemacht.*
. . . . .
*Um meine Lobrede vollständig zu machen,*
*so sage ich,*
*der Wein verbannet die Sorge,*
*belebt das Herz der Menschen mit Hoffnung,*
*beflügelt die Phantasie*
*und begeistert das Genie.*

*Der Weise, welcher sitzt und denkt*
*Und tief sich in sich selbst versenkt. . .*

Zeichnung von Wilhelm Busch aus der
Einleitung zu »Die Haarbeutel«

# Inhaltsübersicht

# Vorwort

In über 2000 Jahren Weinkultur haben Dichter, Komponisten, Maler das »göttliche Getränk« gepriesen und sein Lob in Worten, Tönen und Farben verkündet.

Geheimrat von Bassermann-Jordan, der Nestor der Weingeschichte, widmete den auf Titel und kurze Zitate beschränkten Nachweisen in seinem 1907 erschienenen Monumentalwerk 10 Seiten; Gutkind-Wolfskehl brachten 1927 die erste, dickleibige Anthologie der Weinliteratur heraus; unter dem Titel »Mysterium Wein« ließ im Jahre 1996 das Historische Museum der Pfalz (mit Weinmuseum) bildende Kunst rund um den Wein aus allen Zeiten schauen; die von der »Gesellschaft für Geschichte des Weines« herausgegebene Bibliographie schließlich umfaßt in ihren fast 15 000 Quellen neben den Fachbüchern eine Fülle schöngeistiger Literatur.

Dies alles, Baukunst, sakralen und weltlichen Kult hinzugenommen, ist Ausdruck einer Einschätzung des Weines als eines unvergleichlichen, das menschliche Bewußtsein ohne Schaden erweiternden und schöpferisches Gestalten bereichernden Naturproduktes. Das »Erlebnis Wein« ist mehr und dauerhafter als alle »Events« unserer schrillen Zeit, mehr als Ware oder flüchtiger Genuß. Wein ist »Stoff ohne Reue«, der Poeten guter Geist (Volksmund), Tröster, Freudenbringer, Förderer sozialer Kontakte, Geburtshelfer der Phantasie aller Facetten.

In diesem Sinne ist dieses Buch keine weitere Sammlung vom Wein initiierter Geisteserzeugnisse in Prosa, Poesie, Gemälden oder Noten. Vielmehr soll die Bedeutung des Weines im Leben schöpferisch Schaffender in Text und Bild aufgezeigt, der ursächliche Zusammenhang zwischen Wein und Kreativität dargetan werden: die anregende Wirkung des Weines, wie sie der Dichter oder Künstler selbst empfand, mitgeteilt in Briefen, anderen Selbstzeugnissen, in Äußerungen von Freunden und Zeitgenossen, ausgedrückt in Porträts und Zeichnungen, entstanden in häuslicher Atmosphäre oder in geselliger Runde. Die Darstellung beschränkt sich dabei auf den deutschsprachigen Raum (Deutschland, Österreich, Schweiz).

So ist dies kein »Weinbuch« im herkömmlichen Sinne, aber fast schon ein fröhliches Bekennerbuch. Ist solches nicht wichtiger denn je, in einer Zeit der Gleichmacherei wahrer Genüsse, puritanischer Vergötzung der Nüchternheit, der Ersetzung befreienden Humors durch billigen Comedy-Spaß? Selbst in gesprächigen Talkrunden scheut man die Lust am das Gespräch steigernden und Gedankenblitzen förderlichen Glas Wein. Wasser und Säfte sind zu Statussymbolen einer Gesellschaft geworden, deren Geist im Internet dahinsiecht, aus Furcht, nicht maßhalten zu können oder gar durch Wein »alkoholsüchtig« zu werden. Die Zeugnisse aus dem Leben berühmter Dichter und Künstler sind beweiskräftige Argumente gegen solche Verarmung, die den Raum schöpferischer Phantasie einengt und auch wissenschaftlich nicht zu rechtfertigen ist.

Die weinmusischen Porträts und biographischen Zitate dieses Buches sind nach Geburtsdaten der Persönlichkeiten geordnet – ein »Ordnungsprinzip« muß nun einmal auch bei einer heiter stimmenden Materie sein. Ihr Umfang ist nicht mit bürokratisch-akribischer Elle bemessen, Proporz wird man vergeblich suchen. Daß die meisten weingeneigten Schaffenden in der Zeit von Klassik und Romantik lebten, ist sachbedingt: Wein braucht Muße zur Zwiesprache mit dem Wein. Welcher moderne Autor hat sie noch oder würde sein »Weinbekenntnis« einem Tagebuch anvertrauen? Leider fehlt auch eine weinfreudig schaffende Frau, und letztlich: muß gesagt werden, daß die Ausschnitte aus den Lebensläufen kein Bild des ganzen Menschen vermitteln können?

Die Vorarbeiten zu »Die Muse Wein« reichen in meine Studienzeit zurück. Fast alle freie Zeit habe ich damals der Wirklichkeit des Weines, in Weinberg und Glas, ebenso gewidmet wie dem, was sich an gedrucktem Wort über ihn in Bibliotheken und Archiven fand. Mühsam und reizvoll zugleich war die sammelnde, sichtende und forschende Kleinarbeit, manche Zitatüberprüfung ergab Anlaß zur Korrektur, vielfältig und interessant war die Korrespondenz mit Privatleuten, Gesellschaften, Museen (am Ende des Buches ge-

10

*Rembrandt. Selbstbildnis mit Saskia*

nannt). Die später vom juristischen Alltag immer wieder unterbrochene Arbeit konnte in den Jahren nach der Pensionierung endlich zu Ende gebracht werden.

Zitate aus dem literarischen Werk sind (bei behutsamer Anpassung an die heutige Schreibweise) nur eingefügt, wo sie zugleich autobiographisch sind oder offenkundig persönliche Aussagen über den Wein enthalten. Vornehmlich sind es wahre »trouvaillen«, zumindest in der Weinliteratur nicht oder kaum veröffentlichte Belege, die sich zu einem ebenso originären wie originellen Mosaik zusammenfügen und die These zu stützen vermögen, daß Wein eine die Persönlichkeit formende (nicht zerstörende) und ihr schöpferische Impulse gebende Muse ist.

Weit besser als durch (pseudo-)wissenschaftliche Analysen ist so umschreibbar, was man einst den »Kuß der Muse« nannte und heute, da es keine Musensöhne mehr gibt, wohl vergröbert und dem Geist des Weines nicht gerecht werdend den »ultimativen Kick aus der Weinflasche« heißen mag. Geriet man damals rasch in die Nähe lyrischen Kitsches, so bewegt man sich heute oft im anderen Extrem, am Rande der Drogenszene, wohin der Wein nie und nimmer gehört, unwissenden Verleumdern und übelwollenden Verzichtsaposteln zum Trotz (merke: Haschisch beispielsweise macht nachweislich nicht kreativ). Feinden frohen Genusses gilt tiefempfundenes Bedauern: Ortsbestimmung des Weines!

Der untaugliche, Widerspruch provozierende Versuch, nachzuweisen, Schaffenskraft komme bei Kreativen nur aus dem Wein (oder: mancher hätte noch weitere unsterbliche Werke geschaffen, hätte er mehr getrunken), er unterbleibt natürlich: Dieses Buch ist kein Elaborat zur Förderung des Weinumsatzes (so sehr er den Winzern zu wünschen ist: ohne Wein keine Weinkultur). Nicht das Übermaß soll verherrlicht oder auch nur beschönigt, sondern ganz im Gegenteil bekräftigt werden, daß Wein und Mäßigkeit im Sinne wahrer Weinkultur zueinander gehören, mag auch ein gelegentliches Räuschlein weder die guten Sitten noch den Charakter verderben. Mit Personen der Geistesgeschichte, die durch alkoholische Exzesse bekannt (und meistens zugrundegerichtet) wurden, befaßt sich diese weinbiographische Dokumentation nicht.

12

Daß aus alledem das mir wichtigste Buch zum Leitthema »Weinkultur« doch noch entstehen konnte, mitten in einer mehr weinliterarischem »fast food« als beschaulicher Lektüre geneigten Zeit, ist auch zwei Institutionen zu verdanken: Die Deutsche Weinakademie in Mainz, die auch die Sachbereiche »Wein und Gesellschaft« sowie »Wein und Kultur« als förderungswürdige Erscheinungsformen der großen Welt des Weines zu ihrer Aufgabe gemacht hat, ließ diesem »illustrierten Weinkultur-Report« eigener Art ihre hilfreiche Unterstützung zukommen, ohne den Autor zu bestimmten Aussagen zu verpflichten. Ein weiterer »Helfer« war der Verlag Philipp von Zabern, seit über 200 Jahren in Mainz ansässig. Er ist zwar vornehmlich ein archäologischer Verlag (der bekannteste Deutschlands), hat aber auch eine alte »Wein-Druck-Tradition«, an die sich zwanglos anknüpfen ließ: So erschienen hier von 1884 bis 1926 die Wochenschrift »Weinbau und Weinhandel« als Organ des Deutschen Weinbau-Vereins, 1881 bis 1901 die Berichte über die Verhandlungen des jährlichen Deutschen Weinbaukongresses, 1895 von H. W. Dahlen »Deutsche Weine und Weinbau-Stätten«, 1903 »Das Weinland Rheinhessen« von Karl Heinrich Koch, 1910 »Die Rheinweine Hessens«, herausgegeben vom Weinbau-Verein der Provinz Rheinhessen (zweite, erweiterte Auflage 1927), 1916 die Dissertation von Bodo Wichmann zur Durchführung des Weingesetzes von 1909 oder 1982 Gerd Hagenows »Aus dem Weingarten der Antike« in der Reihe »Kulturgeschichte der antiken Welt«.

»Wein macht munter geistreichen Mann«, vermerkte Goethe in den »Zahmen Xenien«. Wer dies schon immer ahnte oder selbst erfuhr, wird »Die Muse Wein« mit besonderem Gewinn bei einer Flasche Wein lesen – oder einfach darin blättern. Der literarische Ausflug in die Gefilde des dionysischen Pegasus soll schließlich auch reines Vergnügen bereiten, man darf darin »stöbern«: Weinduft diesen Blättern!

Wörrstadt/Rheinhessen, im Frühjahr 2001          H.-J. Koch

# Wie der Wein, so das Schreiben

Einem jeden Menschen gibt die Natur das Seine.
Wenn ich dichte, trinke ich nur vom guten Weine,
Wie der Wein ist, den ich trink', so ist auch mein Schreiben.
Wenn ich nichts genossen hab', kann ich nichts betreiben.
Verse, die ich nüchtern mach', ach wie leicht die wiegen!
Nach dem Trunk kann ich jedoch den Ovid besiegen.

*Aus einem Gedicht des Archipoeta (12. Jahrhundert),*
*übertragen von Otto Meyer.*

*Die Anfangszeilen des Originalzitates lauten:*

Unicuique proprium dat natura donum
Ego versus faciens bibo vinum bonum –

*»Im Trockenen kann
der Geist nicht wohnen . . .«*

Zitate mit Anmerkungen zu »Wein und Kreativität«

Von der Antike bis heute verdankt manches literarische Werk, manches Gemälde und manche Tonschöpfung auch einigen Gläsern Wein die Entstehung.

Dem heiligen Augustinus (354–430) wird das Wort zugeschrieben:
*Spiritus non potest habitare in sicco*
(Im Trockenen kann der Geist nicht wohnen) –
es ist auch der Wahlspruch des ersten Sächsischen Weinkonventes, einer 1990 mit dem Sitz in Radebeul gegründeten Weinbruderschaft.

Aus solcher Erkenntnis reimte Christian Fürchtegott Gellert, der sächsische Pfarrerssohn (1715–1769), in seinem Poem »Der glückliche Dichter«:
*Und Dichter sollen insgemein*
*Von Wahrheit, Liebe, Witz und Wein*
*Sehr gute Freunde und Kenner sein.*
Was Wein für die »kleinen, grauen Zellen« vermag, beschrieb im Stile seiner Zeit schon François Rabelais, Geistlicher und Arzt (1494–1553) im Prolog des Autors zu »Pantagruel«:
*Das ist doch mein wahrer und einziger Helikon,*
*mein Zauberborn und unübertrefflicher Quell der Entzückungen.*
*Wenn ich daraus trinke, steigen Gedanken, Worte*
*und Entschlüsse in mir auf. Nach dem Epilog lach' ich*
*und schreib' ich, sinnier' ich und trink' ich.*
*So tat Ennius, trank zum Schreiben und schrieb zum Trinken,*
*desgleichen Äschylos. Homer hängte die Dichterei an den Nagel,*
*wenn er nüchtern war, und Cato ließ die Feder nicht laufen,*
*eh' daß er getrunken hätt'.*
Johann Wolfgang von Goethe, »Kronzeuge« des Themas, hat wohlweislich unterschieden nach Umständen und Person (man würde heute sagen: den Genen) des Trinkenden. Am 11. März 1828 äußerte Eckermann im Gespräch mit ihm, einige Gläser Wein hätten ihm »bei gewissen, komplizierten Zuständen« stets geholfen, worauf Goethe antwortete:
*Es liegen im Wein allerdings produktivmachende Kräfte*
*sehr bedeutender Art; aber es kommt dabei alles auf Zustände*
*und Zeit und Stunde an, und was dem einen nützet,*
*schadet dem Anderen.*

Daß Wasser freilich keine euphorischen Gedanken erzeugen könne, hat Hans-Armin Weirich, Jurist und Aphoristiker unserer Zeit, auf einen kurzen Nenner gebracht, wenn er feststellt:

*Von einem wassertrinkenden Dichter kann man keine*
*dionysischen Hymnen erwarten.*

Die Griechen nannten Wein den »befreienden, Banden lösenden«, und »In Vino Salvatio« lautet das Losungswort der 1970 gegründeten Weinbruderschaft Rheinhessen zu St. Katharinen, was besagt: »Der Wein erlöst von den Bedrängnissen und Ängsten des Lebens«. Er macht also auch den Dichter und den Künstler frei zum Schaffen, zum Denken, Gestalten und Komponieren.

Wein hat »die wahre Zauberkraft« (Ernst Jünger), ist »Balsam, Rausch, erregter Dichterseele Schutz und Wacht« (Charles Baudelaire in »Der Wein des Einsamen«).

Shakespeare, in dessen Werk der Wein oft erwähnt wird, läßt Falstaff in »Heinrich IV.« über seine Wirkung auf das menschliche Denken und Empfinden sagen:

*Er steigt Euch in das Gehirn, zerteilt da alle albernen*
*und rohen Dünste, die es umgeben, macht es sinnig, schnell*
*und erfinderisch, voll von behenden, feurigen und*
*ergötzlichen Bildern.*

Sprache und Denken werden reicher, bunter, wenn Wein die Sinne beflügelt. Es wird von einem Gespräch berichtet, bei dem Leo Tolstoi zu Maxim Gorki bemerkt habe:

*Ich mag Betrunkene nicht, aber ich kenne Menschen,*
*die interessant werden, wenn sie einen getrunken haben,*
*die dann durch Witz, Schönheit des Denkens,*
*Gewandtheit und Reichtum der Sprache glänzen – lauter Dinge,*
*die ihnen im nüchternen Zustande abgehen. Darum bin ich bereit,*
*den Wein zu preisen.*

Aber es ist beim Wein nicht der Alkohol an sich, der »Bremsen lockert« munter macht, Verborgenes weckt. Es sind auch die nur scheinbar analytisch erfaßbaren Bestandteile, seine Art und sein Wesen, die nicht wissenschaftlich erklärbaren Eigenheiten, die es ausmachen, daß nicht jeder Wein Schöpferisches zu bewirken vermag.

Anton Schnack, der weinkundige Dichter Mainfrankens (1892–1973), schrieb darum treffend:

*Jacques Prévert (1900–1977), der »Poet des Alltäglichen und des Chansons,« auf einem Pariser Boulevard beim Rotwein sinnierend*

*Weine, welche die Einbildungskraft des Trinkers nicht zum Spielen und*
*Gaukeln bringen, taugen wenig oder nichts.*

Und Konrad von Megenburg teilte 1897 in seinem »Buch der Natur« vom Wein als Quintessenz mit:

*Er wandelt die Schwerfälligkeit des Denkens in Weisheit*
*und Klugheit.*

Doch mehr als das. Lesen wir, was Lin Yutang (1895–1976), in Südchina als Sohn eines Missionars geboren, nach Studien in Harvard, Jena und Leipzig Professor für Englisch an der Universität Peking, in seinem Hauptwerk »Weisheit des lächelnden Lebens« zu den Tugenden des Weines meint (denen er zunächst skeptisch gegenüberstand, bis er »bekehrt« wurde):

*Es muß ein Gefühl der Erhebung sein, eine Zuversicht*
*in die eigene Kraft, vor der alle Hindernisse zunichte werden,*
*eine gesteigerte Empfindungsfähigkeit, ein über das Normale weit*
*hinausgehender Schwung des schöpferischen Denkens,*
*welches beim Menschen da ansässig zu sein scheint, wo Tatsachensinn*
*und Phantasie sich berühren.*

Wo Tatsachensinn und Phantasie sich berühren – Wein als Stimulans kreativen Wirkens! Nein, Wein ist keine Einstiegsdroge, er entfacht kein zerstörendes Verlangen, sondern führt aus der Banalität des Alltags zu den Höhen geistiger Einsicht:

*Bleib du nur immer, stumme Welt,*
*In Nüchternheit versunken!*
*Ich habe mich ins Sternenzelt*
*Gar kühn hinauf getrunken.*

So formulierte es Hoffmann von Fallersleben (1798–1874), der nicht nur das Deutschlandlied, sondern viele fröhliche Verse der Rhein- und Wein-Romantik hinterließ.

Der Wein ist (nach Paul Claudel) »der Befreier des Geistes und der Erleuchter des Verstandes«. Er hat nun einmal jenes besondere Etwas, das sich nicht vom Intellekt einfangen und ergründen läßt. Das unterscheidet ihn von allen anderen Getränken, unter denen der Tee ihm, auf ganz andere Weise jedoch, allein nahekommt.

In einer »Vollständigen Anleitung zur allgemeinen Landwirtschaft«, die herausgegeben wurde »für das allgemeine Wohl des Vaterlandes« und 1789 in Brünn erschien, ist zu lesen:

*Der Rebenwein, von welchem künftig die*
*Rede seyn wird, hat durch allgemeinen Beifall vor*
*allen anderen den Vorzug. Er bringt dem Geiste,*
*wenn er mäßig getrunken wird, eine Lebhaftigkeit*
*und Freude bei, er löst die Zunge, erweckt*
*den Geist, und macht, daß man die Zufriedenheit*
*des Herzens durch den Gesang zu erkennen gibt.*
*Die anderen Getränke, als zum Beispiel das*
*Bier, der Cider, und dergleichen mehr, sind*
*lauter ernsthafte und stille Getränke, bei*
*welchen man entweder mit einer traurigen*
*Miene moralisiert oder kaltsinnig von*
*Staatssachen sich unterredet oder auch bisweilen*
*mit einem Grollen sich zankt. Der*
*Wein allein hat das Vorrecht, daß er die gewisse*
*Quelle der Freude und Lustbarkeit sey. Er*
*verbreitet die Heiterkeit über die Stirne,*
*er erweicht die Herzen und wird auf diese*
*Weise der angenehmste und leicht zu habende*
*Vermittler zu den aufrichtigsten Aussehnungen.*

Die gewisse leichte Trunkenheit, in welche der Wein den Genießenden führt, ist nicht verderblich. Sie erhöht ohne »schädliche Nebenwirkungen« (derentwegen man gar den Arzt oder Apotheker befragen müßte), macht nicht abhängig, sondern löst nur ein immerwährendes frohes Verlangen nach maßvoller Wiederholung aus, das im Weinland zum guten Umgang mit dem Wein, seinem Werden und Wirken, gehört. Daß dieses Verhältnis zum Wein dem totalen Nüchternheitsanspruch einer volltechnisierten Welt entgegengesetzt ist, sei nicht verkannt. Hier treffen Welten aufeinander, eine humane und eine inhumane, die nur künstliche Lösung vom Streß kennt, Flucht in Scheinwelten statt erhöhendem Genuß.

In den Jahren unmittelbar nach dem Zweiten Weltkrieg hat ein heute kaum noch bekannter Schriftsteller, Gerhard Nebel (1903–1974), das Dionysische neu deutend, zu diesem Grundverständnis philosophisch angemerkt:

*Natürlich wird der Gegner der Begeisterung und Verschwendung, der*
*zugleich Anwalt der Berechnung und Öde ist, einwenden, daß diese*

*Fülle ein Trug sei, mit dem der Wein den Menschen narre und ihn unbrauchbar für das reale Leben mache. Wir aber halten die dürre Realität, auf die der Mensch mit Langeweile und List, mit Sorge und Angst antworten muß, für eine lügnerische Entstellung, und der ursprüngliche Sinn der Welt erfüllt sich uns in jener rauschhaften Tiefe, die wir anzudeuten versucht haben und die entweder der Mensch sich selbst oder ein menschenfeindlicher Dämon ihm verdirbt.*

Der Gedanke, daß Wein frei macht, emporhebt, nicht das Wesen des Menschen verändert, aber doch vorhandene Talente stärkt und zur Entfaltung bringt, dieser Gedanke kehrt auch in den in diesem Buch nachzulesenden Selbstzeugnissen immer wieder.

Schon bei Lucius Annaeus Seneca, dem 4 v. Chr. in Córdoba geborenen römischen Philosophen und Dichter, klingt dieses Verständnis an, wenn er seinem Freund Serenus schreibt (»Über die Ausgeglichenheit der Seele«):

*Manchmal soll man's auch fast bis zu einem Rausch kommen lassen, aber nicht so, daß er uns ertränke, sondern nur eintauche. Der Wein spült ja Sorgen fort, und er lockert den Geist gründlich auf (. . .) Aber wie bei der Freiheit, so ist beim Wein das rechte Maß gesund (. . .) Aber man soll es auch nicht oft so halten, auf daß nicht der Geist eine üble Gewohnheit sich zulege, und doch gelegentlich ausgelassener, ungezwungener Fröhlichkeit ihren Lauf lassen und ein paar Augenblicke verdrießlicher Nüchternheit die Tür weisen (. . .)*

*Nur der Schwung des Genies kann etwas Großes, die anderen Übersteigendes äußern. Wenn er Alltägliches und Gewöhnliches gering geachtet und in heiliger Begeisterung sich höher erhoben hat, dann erst kündet er Größeres als eines Sterblichen Mund. Nichts Erhabenes, dem Gewöhnlichen Entrücktes kann ihm glücken, solange er in seinen Schranken verbleibt.*

Natürlich ist wissenschaftlich (statistisch) nicht erfaßt und auch nicht nachweisbar, in welchem Umfang regelmäßiger Weingenuß Phantasie und schöpferisches Denken anregt, wenngleich gewisse Trends erkennbar sind. Aber viele Dichter und Künstler haben solche Ursächlichkeit lebhaft bestätigt, wie im biographischen Teil dieses Buches nachzulesen ist.

Der Gutenberg-Experte Albert Kapr fügt hinzu: »Auch der den Wein liebende Leser wird in diesem Sinne schon positive Erfah-

22

*Das »Gutenbergfaß« von 1900 im Gewölbe der Sektkellerei Kupferberg in Mainz*

rungen gemacht haben«. Nach seiner Meinung war die Straßburger Buchdruckpresse Gutenbergs der Weinpresse nachgebaut: »Aus einer Vorrichtung zur Herstellung von Wein wurde eine Vorrichtung zu Herstellung von Büchern« – Wein und in Lettern gegossener Geist.

Daß übrigens auch Gutenbergs Weinkonsum beachtlich war, ist bekannt. Im Zollbuch der Stadt Straßburg, einem Steuernbuch, steht über den damals dort wirkenden Erfinder der Buchdruckerpresse folgender Eintrag: »Item Gutenberg eineinhalb Fuder und sechs Ohm Wein eingelagert.« Je nach (regional schwankendem) Volumen von Fuder und Ohm wären dies jedenfalls über 2000 Liter für Gutenberg, seinen Haushalt und seine Gehilfen, woraus sich ein durchschnittlicher Verbrauch von mindestens $5^1/_2$ Litern pro Tag ergäbe. Nicht zufällig ließ die Sektkellerei Kupferberg im Jahre 1900 anläßlich der Gutenbergfeier ein Faß mit dem Porträt des Meisters schnitzen. Es steht dort im historischen Faßkeller, eine Kopie ist im Hof des Mainzer Gutenbergmuseums zu sehen.

Wein erhöht, wo etwas zu erhöhen ist, und so gilt der Ausspruch von Kostis Papajorgis, einem der bedeutendsten griechischen Philosophen der Jetztzeit:

*Ein Mensch trinkt, um in höherem Maße das zu werden,*
*was er schon ist.*

Der Wein erschafft keinen anderen Menschen – wo nichts ist, kann er nichts erblühen lassen. Lesen wir, was, ganz in diesem Sinne, Friedrich von Schiller in den »Piccolomini« beim Bankett der Generale im Wortwechsel zwischen Graf Terzky, Wallensteins Schwager, und Isolani, General der Kroaten, bekennt:

*Terzky: Der Wein spricht aus ihm!*
    *Hört ihn nicht, ich bitt euch.*
*Isolani: Der Wein erfindet nichts,*
    *er schwatzts nur aus.*

Kurt Kusenberg, der wußte, worüber er schrieb, ist derselben Meinung:

*Natürlich kann das Gärungsprodukt eines Obstsaftes nichts erfinden,*
*doch es kann aus dem Unterbewußtsein Gedanken und Bilder fördern,*
*die uns sonst vielleicht verborgen blieben. Es löst sie, führt sie empor*
*und schenkt sie unserem Bewußtsein, damit dieses etwas daraus mache.*

24

Lange vor ihm hat Ludwig Tieck (1777–1853), der auch einen »Lehrstuhl für Wein« forderte, um die unwissende Menschheit über die trefflichen Eigenschaften des Weines zu unterrichten, diese unbestreitbare Erkenntnis so formuliert:

*Es ist eine platte Ansicht, zu glauben, daß der Wein unmittelbar, an sich selbst, alle die Wirkungen hervorbringt, die wir ihm zuschreiben; nein, sein Duft und Hauch erweckt nur Qualitäten, die in uns ruhn.*

Allseitige Übereinstimmung also, wie auch darüber, daß der Wein nur hilft, Konzepte zu entwerfen, gute Einfälle zu haben, die Vorarbeit zu fördern, in Maßen wohl auch die Ausführung. Aber der Flasche um Flasche leerende Dichter, dem zunehmend bessere Gedanken kommen, mit denen er Seite um Seite füllt, ist eine Erfindung. So wenn der Dichter Du Fu (712–770) die Mitglieder des Dichter-Zirkels der »Acht Unsterblichen vom Weinbecher« skizziert und dabei den Lyriker Li-Tai-Pe (701–762), der den Zirkel gründete und dessen Verse vielfach übersetzt erhalten sind, mit den Worten ehrt:

*Li T'ai-po trinkt einen Scheffel Wein, worauf er hundert Gedichte verfaßt.*

Peter Rüedi hat in seinem Essay über das Trinken (freilich auch über die Exzessiven unter den Literaten: Weintrinker waren sie nicht) dies gut formuliert:

*Im Rausch kann einer über den Rausch nicht schreiben.*

Oder Michael Krüger:

*Während der Wein fließt, stockt das Schreibgerät.*

So gehört es in das Gebiet der Anekdote oder der heiteren, nicht ernst zu nehmenden Betrachtung, wenn hie und da ein quantitativer oder qualitativer Zusammenhang herzustellen versucht wird zwischen Menge und Art des genossenen Weines und einem dichterischen Produkt. Beispiele dafür gibt es:

Bei Ludwig Feuerbach (1804–1872), Philosoph und Sohn des berühmten Strafrechtlers, lesen wir in humorvoller Darstellung von einer solchen »Kausalitäts-Forschung« (unter dem Titel: »Der Schriftsteller und der Mensch«):

*Wenn sie also von einem großen Dichter erfahren hat, daß er beim Verfassen seiner Gedichte Wein getrunken hat, weil nicht alle Dichter eine solche genügsame Natur haben, daß sie sich, wie Seume, bei Wasser, Butterbrot und Kartoffeln in ihrer poetischen Begeisterung erhalten kön-*

*nen: so erkundigt sie sich, mit einer Rechentafel in der Hand, genau da-*
*nach, wieviel Wein, welche Sorten und welchen Jahrgang er getrunken*
*hat, klassifiziert dann seine Werke nach den verschiedenen Sorten und*
*Jahrgängen und leitet auf ganz natürliche Weise die Stärke und das*
*Feuer seiner Empfindungen von dem starken Wein ab, den der Dichter ge-*
*nossen.*

*Freudetrunken frohlocket die Menge über diesen Fund. Das Überge-*
*wicht, das der große Geist sie fühlen ließ, drückt sie nicht mehr; sie hat*
*ein gemeinschaftliches Maß zwischen sich und ihm gefunden; sie sagt*
*entzückt zu sich selbst: Ha! das kann ich auch, ich darf nur brav Cham-*
*pagner und Burgunder trinken. Die Freude, den Geist wie eine ponde-*
*rable Masse in einer Weinflasche aufgefangen zu haben, währt jedoch*
*auch nicht lange. Nur zu bald macht die Welt die höchst unangenehme*
*Erfahrung, daß unzählig Viele sich mit Champagner und Burgunder*
*benebeln dürfen, ohne dadurch nur den leisesten Anflug von Poesie in*
*den Kopf zu bekommen, und so mancher Dichter, der nie einen Tropfen*
*Wein kostete, ebenso feurig sang, wie ein Anderer, der täglich die stärk-*
*sten Weine zu sich nahm.*

Auch Robert Gernhardts bekennendes lustiges »Bildgedicht« von
der immer leerer werdenden Weinflasche, die er pro Gedicht benö-
tige, gehört hierher.

Das gilt auch für die nicht ganz ernst zu nehmende Statistik des
schon erwähnten Michael Krüger. Er setzt Pro-Kopf-Verbrauch an
Wein in europäischen Ländern ins Verhältnis nicht nur zum Pro-
Kopf-Verbrauch an Büchern, sondern auch zur Buchproduktion
und gelangt unter anderem zu folgenden Ergebnissen:

*Ein deutscher Professor braucht (. . .) rund 18 Liter Wein für die Ab-*
*fassung eines philosophischen Buches von ca. 360 Seiten, das heißt,*
*0,05 Liter oder einen Schluck pro Seite, während ein französischer*
*Philosoph bereits für einen Aufsatz zur Ethik von 30 Seiten ca. 24 Liter*
*berechnet, das heißt, eine sieben Deci-Liter Flasche pro Seite. Ich*
*glaube, ich brauche nicht näher auszuführen, woher die relative Trocken-*
*heit deutscher philosophischer Bücher rührt.*

In seiner wissenschaftlichen, aber gar nicht trockenen Lehre vom
richtigen Trinken hat der Göttinger Physiker und weinfreudige
Verfasser tiefgründiger Aphorismen, Georg Christoph Lichtenberg
(von dem wir später noch mehr erfahren werden), knapp und tref-

Robert Gernhardt: »Geständnis« (oder: Wieviel Wein braucht ein Dichter?)

fend unterschieden, Eingebungen durch den Wein und Umsetzung der Einfälle einer guten Stunde wohlweislich trennend, wenn er in den »Sudelbüchern« schreibt:

*Es schadet bei manchen Untersuchungen nicht, sie erst bei einem Räuschchen durchzudenken und dabei aufzuschreiben, hernach aber alles bei kaltem Blut und ruhiger Überlegung zu vollenden. Eine kleine Erhebung durch Wein ist den Sprüngen der Erfindung und dem Ausdruck günstig, der Ordnung und Planmäßigkeit aber bloß die ruhige Vernunft.*

Andererseits freilich bejaht er die Kausalität des Weines (seines bevorzugten Genußmittels) für manche gute Idee durchaus und vermerkt hierzu ebenda:

*Wenn man manchen großen Taten und Gedanken bis zu ihrer Quelle nachspüren könnte, so würde man finden, daß sie öfters gar nicht in der Welt sein würden, wenn die Bouteille verkorkt geblieben wäre, aus der sie geholt wurden. Man glaubt nicht, wie viel aus jener Öffnung hervorkommt. Manche Köpfe tragen keine Früchte, wenn sie nicht wie Hyazinthenzwiebeln über Bouteillenhälsen stehen.*

Ein humorvolles Bild, das er da entwirft, ohne zu behaupten, der Wein bringe Großes hervor, wo es an Substanz fehlt. Da das Wort »Humor« von lateinisch *umor* = Flüssigkeit kommt, Humor und Wein also, literarisch wie im richtigen Leben, erkennbar verwandt sind, möge dieses Zitat die Sammlung einschlägiger Einsichten und Erfahrungen beschließen, die wahrer sind als das, was Reihenuntersuchungen weintrinkender Probanden jemals an Erkenntnissen vermitteln mögen.

Nach solch programmatischer Einstimmung können wir uns speziellen Lebensläufen und Einblicken in das Schaffen großer Geister zuwenden. Sie werden – die These sei gewagt – ergeben, was um 1100 der persische Gelehrte und Dichter Omar Chaijam in seinen Sinnsprüchen bekannte (aus: »Der Dichter beim Pokale«, übertragen von Bodenstedt):

*Ich trinke nicht Wein, um zu trinken bloß,*
*Nicht zu schwelgen sitten- und glaubenlos.*
*Ich trinke, um höher mich zu beleben,*
*Mich aus mir und über mich zu erheben.*

28

## »*Wein macht munter geistreichen Mann ...*«

Erinnerungen und Skizzen aus Alltag und Schaffen

# Gotthold Ephraim Lessing
## (1729–1781)

Der Dichter, Dramaturg und Bibliothekar (»Minna von Barnhelm«, »Nathan der Weise«) war zwar vor allem Aufklärer und Philosoph. Seine lyrische, vor allem die anakreontische Dichtung, die er selbst ironisch als »Kleinigkeiten« bezeichnete, ist kaum bekannt. Diese »zeitgenössischen Nachahmungen literarischer Vorbilder«, die das bürgerliche Lebensgefühl des 18. Jahrhunderts spiegeln (wie es im Vorwort einer Sammlung des Lessing-Museums heißt), sind erfrischend.

Liebe und Wein sind die Themen der Anakreontik und damit auch Gegenstand von Lessings Liedern, die er in seiner Jugendzeit schrieb. Gleichwohl läßt sich zwangslos auch das persönliche Verhältnis des Dichters zum Wein aus ihnen ablesen. Das gilt besonders für zwei Gedichte, die in fast allen Anthologien zitiert werden und auch hier nicht fehlen dürfen.

»Die Gewissheit« ist der Titel des einen:

*Ob ich morgen leben werde,*
*Weiß ich freilich nicht:*
*Aber, wenn ich morgen lebe,*
*Daß ich morgen trinken werde,*
*Weiß ich ganz gewiß.*

Das andere Reimgebilde enthält die »Antwort eines trunkenen Dichters«:

*Ein trunkner Dichter leerte*
*Sein Glas auf einen Zug;*
*Ihn warnte sein Gefährte:*
*Hör auf! Du hast genug.*

*Bereit, vom Stuhl zu sinken,*
*Sprach der: Du bist nicht klug:*
*Zu viel kann man wohl trinken,*
*Doch nie trinkt man genug.*

*Illustration zu einem weinbeflügelten Gedicht von Lessing*

Jugend, die noch keine Grenzen im Genuß kennt, spricht aus diesen und anderen Versen, welche die Kraft des Weines preisen und seine wandelnde Stärke.

In der illustrierten Prachtausgabe von Lessings Werken hat ein Wiener Künstler sein Poem »Für wen ich singe« im Geiste des Dichters illustriert.

# Georg Christoph Lichtenberg
## (1742–1799)

Als 18. Kind eines Pfarrers im hessischen Oberramstadt geboren, lebte Lichtenberg, von zwei Reisen nach England abgesehen, fast immer in Göttingen, wo er Mathematik und Naturwissenschaften studiert hatte und hernach Professor der Physik wurde. Dort war er als »Original« geschätzt und 22 Jahre lang Herausgeber, Redakteur und Autor des »Göttinger Taschenkalenders« (darin seine Bildbeschreibungen zu Hogarth und Chodowiecki).

Uns beschäftigt vor allem aber der Autor der »Sudelbücher«, auch Schmier- oder Gedankenbücher genannt. Lichtenberg trug in sie seine Gedanken und Überlegungen ein, beginnend mit seinem Universitätsstudium, spätestens im Winter 1764/65. Es waren dies Hefte, danach Schreibbücher, die seine weltberühmten Aphorismen enthalten. Sehr viele davon betreffen den Wein und das Trinken im allgemeinen. Kein anderer Dichter hat sich so eingehend mit dem Thema »Wein und Kreativität« auseinandergesetzt und versucht, den Zusammenhang zwischen Weingenuß und schöpferischen Gedanken und Erfindungen aufzuzeigen.

In der Einführung zu diesem Buch sind aus der Fülle der einschlägigen Zitate jenes geradezu klassischen Zeugen bereits zwei besonders markante wiedergegeben, handelnd von der Quelle großer Taten und Ideen und davon, daß bedeutende Werke zwar oft vom Wein angeregt, nicht aber während des Trinkens vollendet werden.

Was er an Wein- und Trinkweisheiten niederschrieb, entsprang der Beobachtung anderer, nicht zuletzt aber seiner eigenen Person. Im Gegensatz zu vielen großen Geistern, die den Wein liebten und sich in ihren Schriften wie im täglichen Leben über ihn äußerten (wie etwa Goethe), hat Lichtenberg kaum Verse oder Prosa vinologischer Art zu Papier gebracht. Seine Betrachtungen über den Wein sind nahezu wissenschaftlicher Art, intellektuell-nüchtern und doch immer wieder von kurios-kauzigem Humor durchdrungen, wie es der Persönlichkeit des Verfassers entsprach.

So ist nicht Weingelegenheitslyrik oder der Versuch, handelnde Personen eines Romans eigene Gedanken über den Wein aussprechen zu lassen, kennzeichnend. Vielmehr hat Lichtenberg das Trinken (vor allem des Weines) und den Rausch wissenschaftlich erforschen und das Ergebnis seiner Untersuchungen geschlossen darstellen wollen. Er schuf zu diesem Zwecke zwei neue Begriffe: »Pinik« (von griechisch pínein = trinken) und »Methylogie« (von griechisch methúein = berauscht sein). Die geplante Schrift kam zwar nicht zustande. Wohl aber veröffentlichte er eine Sammlung von 144 Redensarten als »Ausdrücke, womit die Deutschen die Trunkenheit einer Person andeuten« in seinem 1773 in Göttingen erschienenen »Patriotischen Beitrag zur Methylogie der Deutschen«. Alle übrigen Resultate seines lebenslangen Nachdenkenes und seiner »Selbstexperimente« weingenüßlicher Art enthalten die Sudelbücher.

Doch vorweg – was trank Lichtenberg? Er lebte nicht im Weinland, aus England hatte er eine Zuneigung zum (englischen) Bier mitgebracht, dem er ebenfalls gerne zusprach, aber sein Hauptgetränk war zweifellos der Wein, von dem er »bei Tisch drei Gläser« trank und sonst den Tag über und besonders am Abend. Eine die Sudelbücher ergänzende Dokumentation gibt hierüber Auskunft – seine Tagebücher. Darin hat er nahezu akribisch, als Teil seiner Selbstbeobachtung, wechselnd vermerkt: »ziemlich viel Wein getrunken« (was wohl nicht oft zutraf). Erwähnt wird Tokayer, Rheinwein (darunter Niersteiner an Festtagen), Erbacher Marcobrunnen, auch burgundische Rotweine sind in der keinesfalls erschöpfenden Aufzählung zu finden.

Lichtenberg hat mitnichten die vordergründige These vertreten, Wein zu trinken und möglichst viel davon sei immer eine schöne Sache und fördere die geistige Produktion. Zwischen Maß und Unmaß, rechter und unpassender Zeit wußte er wohl zu unterscheiden, und hatte er selbst einmal zu viel gebechert, so kreidete er sich dies wohlwollend-selbstkritisch an. Es ging ihm ja gerade darum, die »viele(n) Anweisungen, den Wein recht zu bauen« (anzubauen), durch geeignete Regeln, »ihn recht zu trinken«, ergänzt zu wissen.

Nichts war ihm so zuwider wie das »saufbrüderliche« Gebaren,

*Georg Lichtenberg – die Heiterkeit des Weingenießers*

das ordinäre Gelage. Auch hier unterschied er feinsinnig und systematisch zugleich:

*Das Trinken hat wie die Malerei seinen mechanischen und dichterischen Teil, so wie auch die Liebe.*

Der mechanische Teil ist der physische, das »Füllvermögen«, der rein technische Vorgang der Flüssigkeitsaufnahme, um es modern auszudrücken, oder – in Lichtenbergs Vergleich gedacht – die Auswahl und Mischung der Farben bei der Malerei, der sexuelle Akt zwischen Menschen. Der dichterische Teil macht in seinem Sinne das Weintrinken zwar nicht allein aus, aber er muß zum mechanischen Teil hinzukommen, erst dieser Zusammenklang kann philosophisch »Trinken« genannt werden (wie Sex und Erotik nebst seelischer Zuwendung erst »Liebe« bedeuten).

Man erkennt auch leicht, daß es die Verehrung des Weines ist, die ihn solche Maßstäbe aufstellen läßt: Wein ist zu schade für grobes Zechen (Zusatz: dafür eignet sich Bier wohl eher). Und so formuliert er:

*Er wächst nur gut unter dem Schutz eines sanften Himmels, und ähnliche Seelen müssen diejenigen haben, die ihn am besten trinken.*

»Allzuviel ist ungesund« sei das älteste Sprichwort, meint er. Verwunderlich streng zieht er sogar, den Gedanken des »Jugendschutzes« wohl übertreibend, eine untere Altersgrenze:

*Trinken, wenn es nicht vor dem fünfunddreißigsten Jahre geschieht, ist nicht so sehr zu tadeln, als sich viele von meinen Lesern vorstellen werden,*

und knüpft daran die »Erfahrung (. . .), daß der Wein zuweilen Wunder tut, fünf bis sechs Gläser«. Immerhin eine respektable Menge, jedoch sinnlos-angeberisches Sichbetrinken mit einem Getränk, dem er eine wichtige Rolle in der menschlichen Zivilisation zuschrieb, das mochte der Göttinger Philosoph nicht. So entrüstete er sich einmal:

*Aber der Herr P. kann recht trinken, sagte neulich jemand zu mir, erst zwo Bouteillen Wein und dann 12 Gläser Punsch. Was will er damit? Wenn ich ihn anders recht verstehe, so dünkt mich, ich könnte alles viel geschwinder tun, was Herr P. tut, wenn ich mir eine Pistole vor den Kopf schösse.*

Will sagen: Saufen schadet der Gesundheit, wie eigentlich jeder-

36

mann wissen sollte, maßvolles Genießen aber fördert selbige und die geistigen Kräfte.

Wenn ein Dichter jedoch keine eigenen »Naturkräfte« hat und wähnt, sie durch Wein ersetzen zu können, scheitert er. Wo nichts ist, kann auch ein Rausch nichts hervorbringen. Lichtenberg:

*Der Mensch ersetzt oft durch Phantasie und Wein was ihm an Naturkräften abgeht. Das muß notwendig ganz eigene Phantasie- und Weingeschöpfe hervorbringen.*

Das »pinische« (philosophische) Trinken hingegen legt Verborgenes frei, bringt es ans Tageslicht, zu Papier des schöpferisch Schaffenden. Dies gesteht er selbst den Großen der Weltliteratur zu:

*Unter den heiligsten Zeilen des Shakespeare wünschte ich daß diejenigen einmal mit Rot erscheinen mögten, die wir einem zur glücklichen Stunde getrunkenen Glas Wein zu danken haben.*

Denn aus eigener Erfahrung, die er in den »Sudelbüchern« weitergab, wußte Lichtenberg:

*Man muß zuweilen trinken, um den Ideen, die in eines Gehirn liegen, und den Falten mehr Geschmeidigkeit zu geben.*

Um auch seiner Wissenschaft vom rechten Trinken die angemessene pinische Weihe zu geben und lästerlichen Stimmen zu wehren, fügte er an anderer Stelle hinzu:

*Es sind wenig Dinge in der Welt, die eines Philosophen so würdig sind, als die Flasche, die cum spe divite durch die Gurgel eines Liebhabers oder Dichters fließt*

(spe divite = mit reich strömender Hoffnung; Horaz).

Auch verteidigt er den Wein gegen Vorwürfe, die sich gegen die Veranlagung des Trinkenden oder gegen dessen falschen, unwissenden oder mißbräuchlichen Umgang mit ihm richten müßten:

*Man führt gegen den Wein nur die bösen Taten an, zu denen er verleitet, allein er verleitet auch zu hundert guten, die nicht so bekannt werden. Der Wein reizt zur Wirksamkeit, die Guten im Guten, die Bösen im Bösen.*

Vollendet in Gedankenfolge und Sprache und ein »Geleitwort« für jeden Weinfreund ist Lichtenbergs höchst persönliche, im Sinne seiner Wissenschaft streng geordnete und doch leichtfüßige Definition des Begriffes »Trinken«. Sie läßt erkennen, daß Philosophen und Naturwissenschaftler nicht sinnenfeindlich sein müssen:

*Trinken (pinein) heiße ich hier überhaupt mit offenen Sinnen und zur guten Stunde einen Zug tun der mit einer solchen Zauberkraft auf unser Inneres auffällt und alle Seelenkräfte zu einem Freudenfeste versammelt bei dem die strenge Vernunft Feier-Abend macht (. . .).*

*Daher nenne ich Rausch den Zustand sanfter Empfindlichkeit, in welchem jedem äußern Eindruck neue unaussprechliche Gedanken korrespondieren, oder jenen Zustand wollüstiger Ruhe, der nicht sowohl die Wirkung einer verdauten Philosophie als vielmehr eines glücklichen ungefähren Zugs (. . .) ist.*

# Johann Wolfgang von Goethe
## (1749–1832)

Nicht erst im »Goethejahr« (1999) wurde mancherlei über »Goethe und der Wein« publiziert. Rasch könnte dieses Kapitel so umfangreich werden wie die Weinbiographie aller übrigen in diesem Buch genannten Dichter und Künstler zusammen. Daher wird auf Zitate aus seinem großen Werk, die Weingenuß betreffen (und das sind mehr als bei irgendeinem anderen), fast völlig verzichtet, außer sie enthalten zugleich ganz persönliche Aussagen über seinen Umgang mit dem »Saft der Reben«. Andernfalls wäre, vom »West-östlichen Divan« bis zum »Faust«, erneut ein ganzes Bändchen mit weinliterarischen Zeugnissen zu füllen, viele davon aus einstiger schulischer Pflichtlektüre oder bildungsbürgerlich als geflügelte Worte bekannt.

Halten wir gleichwohl kurz Ausschau nach den »Weinstationen« in Goethes Leben, weil ohne sie sein Verhältnis zum Wein und vor allem, im Sinne von »Wein und Kreativität«, ohne seine Wertung der Wirkung des Weines auf schöpferisches Tun nicht verständlich wäre.

Der Wein begleitete in Goethes Leben Ein- und Ausgang. Die Vorgänge bei seiner Geburt ließ sich Bettina von Armin im Jahre 1806 von Frau Rat neben anderen »Anekdoten von dem geliebten Sohne« erzählen und teilte sie dem umschwärmten Dichter in einem Brief vom 4. November 1810 mit:

*Drei Tage bedachtest du Dich, eh Du ans Weltlicht kamst, und machtest der Mutter schwere Stunden. Aus Zorn, dass Dich die Not aus dem eingeborenen Wohnort trieb, und durch die Mißhandlung der Amme kamst Du ganz schwarz und ohne Lebenszeichen. Sie legten Dich in einen Fleischarden und bäheten die Herzgrube mit Wein, ganz an Deinem Leben verzweifelnd. Deine Großmutter stand hinter dem Bett; als Du zuerst die Augen aufschlugst, rief sie hervor: »Rätin, er lebt!«*

(Ein Fleischarden war eine flache, hölzerne Mulde, in der das Fleisch gepökelt wurde, und »bähen« meint einreiben, wärmen.)

Auch vom Wein in Goethes Sterbestunde wissen wir. Unter den vier Anwesenden war auch der Oberbaudirektor Coudray, ein Freund Goethes. Er berichtet:

*Gegen 9 Uhr morgens wünscht der Kranke Wasser mit Wein, und als ihm solches dargereicht wurde, sah ich, wie er sich im Sessel ohne alle Hilfe aufrichtete, das Glas faßte und solches in drei Zügen leer trank (...). Auf die Angabe der 10ten Stunde verlangte er eine Gabel und Frühstück. Man brachte beides; von dem kalten kleingeschnittenen Geflügel brachte er mit der Gabel einige Stückchen zum Munde und legte dann dieselbe mit dem Verlangen nach einem Trunk nieder. Friedrich [sein Diener] reichte ein Glas Wasser und Wein, wovon der Kranke aber nur wenig trank, die Frage an Friedrich stellend: »Du hast mir doch keinen Zucker in den Wein getan?« (...). Gleich nachher rief er Friedrich zu: »Mach doch den Fensterladen im Schlafgemach auf, damit mehr Licht hereinkomme.« Dies waren seine letzten vernehmlichen Worte (...).*

Goethe wuchs »weinnah« auf: Die Familie hatte einen Weinberg vor dem Friedberger Tor in Frankfurt, dorthin begleitete er den Vater zu Weinbergsarbeiten, dort erlebte er auch die Traubenlese, von der er später in seinen Erinnerungen schrieb, daß sie »eine unglaubliche Heiterkeit« verbreite. Auch im Alter befaßte er sich auf seinem Gut in Oberrossla noch praktisch mit dem Rebstock und verfaßte auf dem Schlößchen Dornburg bei Weimar eine Schrift zur Rebkultur. Die Früchte der Arbeit des Winzers nennt er aus eigener Anschauung in der großen Weinbergszene des Faust II »des liebevollsten Fleißes zweifelhaft Gelingen«, und er weiß: »Wer Wein verlangt, der keltre reife Trauben.« Und mit den Ranken der Weinrebe hielt der Dichter »geistige Zwiesprache«, gute Gedanken sagten sie ihm...

Goethe erlebte auch die Kelterung und die Behandlung des Weines im Keller. In den »Episteln« erwähnt er die Aufgabe der Mädchen, »leere Fässer und Flaschen in reinlicher Ordnung zu halten« und die Fässer mit Wein aufzufüllen. Er kennt die Wirkungen des Federweißen (Faust im Studierzimmer: »Schon glüh' ich wie von neuem Wein«) und den Ablauf der Gärung des Mostes (»Wenn sich der Most auch ganz absurd gebärdet, es gibt zuletzt doch noch e' Wein«, auch im »Faust« nachzulesen). Er vermerkt kenntnisreich,

*Burgunderflasche aus Goethes Besitz, mit seinem Petschaft*

daß die Güte des Weines (auch) von der Lage und der späten Lese abhänge.

Wasser in den Wein zu mischen verabscheute der Dichter: »In des Weinstocks herrliche Gaben gießt ihr mir schlechtes Gewässer!«, und zu dem Maler Wilhelm Zahn gewandt, der als sein Gast im Haus am Frauenplan in Weimar sich an der festlichen Tafel Wasser in den Wein goß: »Wo haben Sie denn diese üble Sitte gelernt?«. Weinkritisch war er allezeit – so steht im Tagebuch über den Aufenthalt in Franzensbad unter dem 27. Mai 1807 zu lesen: »Gutes Essen; aber getaufter Wein«.

Beachtlich war auch der Goethe'sche Weinkeller. Sein Großvater, der in zweiter Ehe die wohlhabende Besitzerin des Gasthauses »Weidenhof« an der Zeil in Frankfurt geheiratet hatte, betätigte sich in der Messestadt auch erfolgreich als Weinhändler. Als er starb, bestand das Erbe »zum guten Teil in alten und wertvollen Weinen«. Seine Witwe erwarb daher im Hirschgraben zwei nebeneinander liegende Häuser, deren Keller, den alten Stadtgraben nutzend, besonders tief waren. Auch die Mutter Goethes versorgte und mehrte darin, nach dem Tode seines Vaters, die Weinvorräte bis zum Verkauf des Hauses (1794). Zu dieser Zeit waren noch 15 Stück Wein (1 Stück = 1200 Liter) vorhanden, der älteste Wein stammte aus dem Jahrgang 1706.

Was und wieviel trank Goethe? War er auch ein Weinkenner? Woher bezog er seine Weine? Zu diesen Fragen geben die Weinbestellungen sowie seine privaten Briefe, vor allem an Christiane, einigen Aufschluß:

Goethe trank Weine unterschiedlichster Art: Frankenwein (Wertheimer, Escherndorfer, Würzburger, vor allem Steinwein: »Ich bin verdrüßlich, wenn mir mein gewohnter Lieblingstrank abgeht« – schreibt er am 17. Juni 1806 aus Jena), Rheinwein (den »ächten Niersteiner« erwähnt er in der Szene »Auerbachs Keller«), solchen aus dem Rheingau (Hochheimer, Rüdesheimer, Marcobrunner nennt er im »St. Rochusfest zu Bingen« – 1814), Rotweine aus Ober-Ingelheim und Aßmannshausen, aber auch Burgunder, Elsässer, Languedoc, Portwein, Malaga, Madeira, Erlauer, Tokayer – eine reiche Weinpalette, und natürlich auch Champagner zum »schlampampen« (mit Christiane). Anders als beispielsweise Schiller mochte Goethe »Hochprozentiges« aller Art nicht, und er schätzte keineswegs nur große Kreszenzen. So erwähnt er den Escherndorfer als seinen Tischwein und den Wein von Melnik (einem böhmischen Weinort an der Mündung der Moldau in die Elbe) als »so ein Wasserweinchen, das leicht hinunterschleicht und von dem man viel trinken kann«, was gar nicht negativ gemeint ist: ein Wein für einen langen Abend mit Freunden!

Die Mengen, die er bestellte (und mit seinen Gästen trank), waren beträchtlich. Zahlreich sind die Briefe, in denen er »Nachschub« anfordert. Dabei äußert er auch Kritik an vorherigen Sendungen (so am 3. Juni 1809 an Christiane durch die Frage, ob sie sich nicht vergriffen habe: »... der an mich geschickte rotgesiegelte ist viel dunkler als der sonstige und will mir gar nicht behagen«).

Daß Goethe über seine Weinbestände Buch führte, nämlich in Gestalt eines ordentlich angelegten, mehrspaltigen Kellerbuches, darf nicht unerwähnt bleiben.

Auch wenn er zur Kur nach Marienbad oder Karlsbad fuhr, war er (oder sein Sohn August für ihn) um Weinvorrat besorgt und bedrängte das »löbliche Grenzzollamt«, wenn die Sendung nicht rechtzeitig eintraf. Etwa 60 Liter (»ein Eimer« nach damaligem Maß) war sein Quantum für den Kuraufenthalt. Heilwasser allein genügte ihm offensichtlich nicht zur Wiederherstellung der Kräfte.

Die genannten 60 Liter Wein bezog er übrigens auch monatlich von seinem Hauptlieferanten (und dem anderer Persönlichkeiten, denen wir in diesem Buche begegnen), den Gebrüdern Ramann in Erfurt. Weinhändler in Frankfurt (überwiegend), Hamburg, Bremen, Leipzig, Schweinfurt und Würzburg versorgten ihn ebenfalls.

War Wein knapp, dann befand er sich, nach eigener Wortfindung, in der »Weinklemme« und bat Christiane, ihn nicht in einer solchen zu belassen – bei Freunden zu borgen sei unbequem, und unschmackhaftes Zeug teuer bezahlen zu müssen sei verdrießlich. Und obwohl er das Schlößchen in Dornburg »ganz anmutig« nannte, konnte ihn diese Beschaffenheit nicht damit versöhnen, daß »kein wohlversorgter Keller vorhanden ist«, weshalb er seinen Diener Goetze aufforderte, ihm regelmäßig Wein zu schicken. Einmal klagte Goethe sogar, er müsse sich wohl einen größeren Keller anlegen und wisse gar nicht, wer alles seinen Wein trinke – wobei er in dem Brief vom 18. Januar 1811, der hier abgedruckt zu finden ist, freilich anmerkt, »der vortreffliche Juvenil« (= sein Sohn August) trage auch dazu bei. Die Klage über die (wörtlich) »Lücken meines Weinlagers« kehrt oft in seinen Briefen wieder, und in einem Brief an Christiane vom 13. November 1812 bekennt Goethe, er und seine Freunde konsumierten »immer etwas mehr als ausgesetzt ist«. In diesem Sinne schreibt noch am 28. November 1826 sein Sohn an die Weinhandlung Will in Schweinfurt, von der er seinen Escherndorfer Wein bezog, man möge möglichst bald wieder Wein schicken, »da Besuche mancher Art den Vorrat dünn gemacht haben«. Goethe liebte es nun einmal, mit Gästen ausgiebig zu tafeln und dabei geistreich zu plaudern, vom Wein angeregt.

Wie mancher andere der berühmten Schaffenden (allen voran Richard Wagner) war Goethe ein säumiger Zahler und vertraute bei seinen »Weinschulden« auf seinen guten Ruf. Allerdings hinderten ihn die offenen Rechnungen nicht an neuen Bestellungen. Man gewährte ihm großzügig Kredit, und trafen doch Mahnungen ein, so überließ es der Dichter seiner Frau, sich darum zu kümmern. Gelegentlich trat er Honorarforderungen zur Begleichung der Schulden ab (was ihm die mißgünstige Schrift eines entlassenen Kammerdieners eintrug: »Wie Goethe seine Honorare vertrank«).

Goethe als ein den Wein gewöhnter und nicht entbehren wollender Mensch, der – trivial ausgedrückt – auch »einiges vertragen konnte«. Berichtet wird vom Besuch eines jungen Engländers, der ihn im Jahre 1826 aufgesucht habe, nicht um »den großen Mann zu bewundern«, sondern weil er »als der tüchtigste Zecher von Deutschland« gelte. Es mag übertrieben sein (wie manches, was sich von Geburt bis Tod um seine Person rankt), daß er, wie sein englischer Biograph Lewes 1805 notierte, täglich ein bis zwei Flaschen Wein trank. Wohl aber hieß es von ihm (bezogen freilich auf einen Abend, an dem »um die Wette gezecht« wurde: »...er konnte fürchterlich trinken« (nach Varnhagen). Ähnlich die lakonischen Anmerkungen von Gästen Goethes: So der »Märchensammler« Wilhelm Grimm in einem Brief vom 14. Dezember 1809 an seinen Bruder Jacob: »...er trank fleißig, besser noch die Frau« (sie wurde auch als »trinkfrohes Naturkind« bezeichnet und sagte von sich:

*Brief Goethes vom 18. Januar 1811 an Christiane*

»Mein Mägelchen tut mir weh, wenn ich keinen trinke«). Oder der Rezitator Karl von Holtei von einem Essen am 5. Mai 1827: »Der Alte sprach viel und trank nicht wenig.« Schließlich Antonie Brentano von seinem Besuch in Winkel im Rheingau: »Von unserem guten Rheinwein konnte er ganz fürchterlich trinken, besonders von dem 11er« (das war der von Goethe besonders geschätzte, wiederholt als »Eilfer« erwähnte beste Jahrgang des Jahrhunderts, der »Kometenwein«). Freilich ist das Urteil, ob einer »fürchterlich« trinke, stets relativ und von der Gewohnheit des Beurteilenden abhängig. Die ganz normale, gesundheitlich verträgliche Menge Weines eines Zechers von einst würde heutzutage auch manchem braven Mann den Ruf eines Säufers einbringen.

Unbestritten war die Weinkennerschaft des »Olympiers«. Sein langjähriger Vertrauter Friedrich Wilhelm Riemer erzählt von einer Weinverkostung nach einem Diner, das Großherzog August gab und bei dem Goethe einen von mehreren der Tafelrunde als Burgunder eingestuften Wein als »gut gelesener Jenenser, der eine zeitlang auf einem Madeirafaß gelegen hat« wertete – zutreffend, wie der Hofmarschall bestätigte. Riemer fügt in der Sammlung der Gespräche hierzu an: »Er (…) war im Punkte des Weinverstandes ein ungewöhnlich feiner Kenner.« Daß er wußte, wie man Wein richtig probt, läßt die Szene in Auerbachs Keller erkennen, wo Frosch Mephisto auffordert, »nicht gar zu kleine Proben« zu reichen: »Denn wenn ich judizieren soll, verlang ich auch das Maul recht voll.« Sonst entfalten sich die Duftstoffe nicht hinreichend und wird kein Geschmackseindruck vermittelt.

Goethe wußte sehr wohl um die Gefahren des Mißbrauchs. So warnte er in einer Abhandlung vor dem »übermäßigen Gebrauch des Weines, welcher die geringe Grenze einer besonnenen Gerechtigkeit und Billigkeit (…) augenblicklich durchbricht und ein grenzenloses Unheil anrichtet.« Hatte er selbst einmal zuviel getrunken, ließ er, wie jeder verständige Weinfreund nach einem Räuschchen, einige Tage vom Weingenuß ab und notierte dies auch im Tagebuch (1. April 1780: »Seit drei Tagen kein Wein.«) Ein einsam vor sich hin trinkender Alkoholiker war er bestimmt nicht, sondern ein geselliger Freund des Weines, der es liebte, wenn der Wein die Freude am Gespräch entfachte. Eckermann hat die Beziehung des Dichters zum Wein unmißverständlich skizziert:

*Wenn ich abends komme, läßt er gleich eine Bouteille bringen. Betrunken oder stark angeheitert hat jedoch den lieben Geheimrat niemand gesehen. Niemals trieb er, auch nicht in seiner Jugend, mit dem Getränk einen Kultus, und in seinen arbeitsreichen Jahren verharrt er stets in einer gewissen Vorsicht gegen den Wein, den er nie in übermäßigen Mengen genießt, sondern stets nur als Sorgenbrecher und Stimmungsverbesserer, der erheitert und verjüngt, betrachtet, dem er noch bis in seine allerletzten Lebensjahre treu blieb, trank er doch zu Mittag gerne eine Flasche leichten Würzburgers.*

Wein machte ihn frei im Denken, für gute Gedanken. Immer wieder vermerkte er auch, daß Wein die Landschaft, in der er wächst, prägt (ihr »einen freiern Charakter gibt«). Entsprechend sagt er in einem Briefe an den Stuttgarter Kaufmann und Sammler Gottlob Heinrich Rapp von Thüringen, er befinde sich dort »so wohl (…) als es in einem Lande gehen will wo kein Wein wächst.«

Was aber ergab sich aus dieser Weinverbundenheit für das dichterische Schaffen Goethes? Schon im allgemeinen Teil dieses Buches ist das Wort des Dichters von den »produktivmachenden Kräften sehr bedeutender Art«, die im Weine liegen, als Mitteilung eigener, positiver Erfahrung zitiert.

Von der geistiges Schaffen anregenden Wirkung des Weines kündet auch die Belehrung durch Bruder Martin im »Götz von Berlichingen»:

*Wenn Ihr Wein getrunken habt, seid ihr alles doppelt, was ihr sein sollt, noch einmal so leicht denkend, noch einmal so unternehmend, noch einmal so leicht ausführend.*

Aber wo nichts ist, da bringt auch der Wein nichts hervor:

*Wein macht munter geistreichen Mann, Weihrauch ohne Feuer man nicht riechen kann.*

Nur der geistreiche Mann wird vom Weine in höhere Sphären befördert. Ihm kann geschehen, woran Goethe sich zur Entstehung einer Jugenddichtung erinnert, nämlich daß er

*bei einer Flasche guten Burgunders das ganze Stück, wie es jetzt daliegt, in einer Sitzung niederschrieb.*

Das mag mehr Dichtung als Wahrheit sein, da doch Übereinstimmung darüber besteht, daß Wein zwar in der Vorbereitung, kaum aber in der Ausführung des unmittelbaren Werkes hilfreich ist. Der reifere Goethe hat dies denn auch in den »Gedichten der Ausgabe letzter Hand« so gesehen:

*Nehmt nur mein Leben hin, in Bausch*
*Und Bogen, wie ich's führe;*
*Andre verschlafen ihren Rausch,*
*Meiner steht auf dem Papiere.*

Die guten Einfälle, die der Weinrausch eingibt, sie bringt der Dichter nüchtern zu Papier. So berichtete er auch Herzog Karl August am 25. Januar 1781, er habe während eines Konzerts auf der Stube gesessen, dabei

*eine Flasche Champagner ausgetrunken, und der Literatur aufgeholfen.*
*Nun ist wieder Hoffnung, daß das Werk vollendet werden wird.*

Im »Neujahrslied« wünscht Goethe die den Geist belebende Kraft des Weines:

*Ihr die ihr Misogyne heißt*
*Der Wein heb' euren großen Geist*
*Beständig höher (...)*

und stellt schließlich in West-östlichen Divan bündig fest:

*Wie man getrunken hat,*
*Weiß man das Rechte.*

# Friedrich von Schiller
## (1759–1805)

Marbach am Neckar, der Geburtsort Schillers, liegt am Eingang zum Bottwartal. Dort gedeiht die Rebe, viele Vorfahren des Dichters waren darum Winzer. Sein Vater schrieb als Leiter der Hofgärten und Baumschulen des Herzogs Carl Eugen von Württemberg ein 1767 bei Cotta in Stuttgart erschienenes Buch über den Weinbau, Schillers Mutter war die Tochter eines Gastwirtes – genug Umstände insgesamt, daß er dem Wein nahestand und wußte, wovon er kündete, als er diesen Albumvers schrieb:

*Der Name Wirtemberg*
*Schreibt sich vom Wirt am Berg –*
*Ein Wirtemberger ohne Wein,*
*kann der ein Wirtemberger sein?*

Als der junge Schiller vom Jura- zum Medizinstudium gewechselt und auf der »Hohen Karlsschule« in Stuttgart war, wurde ihm sogar Wein kraft Schulordnung gereicht. Herzog Carl Eugen, ein Förderer des Weinbaus, hatte nämlich verordnet, daß die Schüler zu den Mahlzeiten, nach Alter abgestuft, bis zu einem halben Liter Wein täglich erhielten. Er folgte damit dem Rat der Ärzte, wonach »der Genuß des Weins bey der heißen Witterung vor die jungen Leut gut sey«. Also trank auch Schiller zur Sommerszeit schon damals, bis er 1780 nach seiner Promotion die Karlsschule verließ, regelmäßig einen sicher nicht zu alkoholreichen Tischwein.

Als karg bezahlter Regimentsmedicus in Stuttgart fehlte ihm das Geld für teuren Wein, und so waren es eher »Krätzer« (wie auch sein Schwager bezeugt), die er mit seinen Freunden allabendlich im »Ochsen« trank: dabei waren u. a. der Musiker Streicher, der Leutnant Scharffenstein, der Hofbildhauer Dannecker, der Bibliothekar Petersen. Bei Neckarwein las er Szenen aus den »Räubern« vor, deren Niederschrift er gerade begonnen hatte. Bis vor dem letzten Weltkrieg war noch ein Tisch erhalten, an dem diese Runde tagte (oder besser: nächtigte), der Name Schillers war in die Tischplatte geritzt. Der Ochsenwirt schrieb wohlwollend an, wenn das Geld nicht

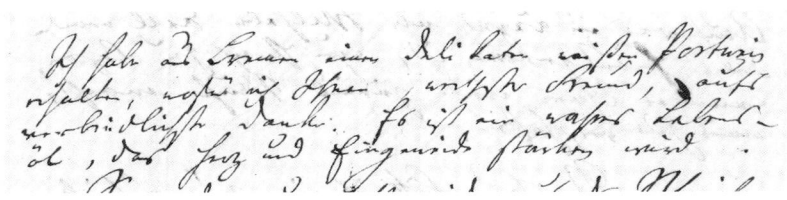

*Friedrich von Schiller am 9. August 1803 an Johann Friedrich Cotta in Tübingen:*
*»Ich habe aus Bremen einen delikaten weißen Portwein erhalten, wofür ich Ihnen, wer-*
*thester Freund, aufs verbindlichste danke. Es ist ein wahres Lebensöl, das*
*Herz und Eingeweide stärken wird.«*

reichte. Schiller einen »Trinker« zu nennen, weil er, an Nachtarbeit zeitlebens gewöhnt, beim Wein die Lebensgeister auffrischte und »man ihn einmal von einem Offiziersbankett besoffen in einer Sänfte nach Hause tragen mußte« oder weil sein Philosophielehrer Abel sich an einige Weinräusche des jungen Mannes erinnern konnte, ist wohl eine böswillige Übertreibung.

In Mannheim, wohin er vor dem drohenden Schreibverbot seines Landesherrn geflüchtet war und wo 1782 am Theater seine »Räuber« uraufgeführt wurden, behütete ihn der trinkfestere Petersen vor dem Übermaß. Er machte Ausflüge mit ihm, in die Pfalz und das heutige Rheinhessen, wo sie sich in Nierstein den ältesten Wein, der im Keller lag, kredenzen ließen.

Im Jahre 1789 wurde Schiller Professor für Geschichte in Jena. Mit seiner Frau Charlotte von Lengefeld (seit 1790) besuchte er im Jahre 1793 seine württembergische Heimat, teilte seinem Freund Körner brieflich mit, daß der Neckarwein doch besser und billiger sei als der, den man in Thüringen haben könne, und beglich in Stuttgart beim Ochsenwirt seine alte Zechschuld.

Mancher Wein wurde auch getrunken, wenn er, wie oft, als Gast eingeladen war. So schildert er selbst in einem Brief vom 29. August 1787 an Körner eine Feier, die zu Ehren Goethes stattfand, während dieser auf seiner zweiten Italienreise war:

*Wir fraßen herzhaft, und Goethes Gesundheit wurde von mir in Rhein-*
*wein getrunken.*

Nachdem ihm seine Einkommensverhältnisse dies zunächst nicht

*Weinrömer aus Schillers Haushalt*

gestattet hatten, begann Schiller sich nach und nach einen gut sortierten Weinkeller anzulegen. Über die dort gelagerten Weine unterrichtet ein Kalender, den der Dichter im Jahre 1795 angelegt hatte. Er beginnt mit einem Eintrag über eine Lieferung an Rheinwein, enthält aber auch sonst alles Merkenswerte, wie an welchen Dichtungen er arbeitete, welche Post ein- und ausging, welche Honorare ihm überwiesen worden waren, bei den Weinen auch Bestellungen und Preise.

Den täglichen Wein bezog Schiller vom Weinhändler Zapf in Jena (der gelegentlich noch auf Begleichung einer offenen Schuld wartete, wenn schon eine neue Weinsendung erbeten wurde), von Fröhlich in Erfurt und (über Goethe, der dort auch Kunde war) von Ramann in Erfurt: Würzburger, Rheinwein, Neckarwein, auch Roussillon, Frontignac, Malaga und Wein aus dem Burgenland sind verzeichnet.

Schiller war sehr gastfreundlich und darum erfreut, wenn sein verringerter Weinbestand durch Geschenke wieder aufgefüllt wurde. Sie sind ebenfalls in seinem tagebuchähnlichen Calendarium verzeichnet, so etwa »12 Bouteillen Rheinwein vom Coadjutor«, womit Theodor von Dalberg, der kurmainzische Statthalter in Erfurt gemeint ist, dessen er sich in Anspielung auf die Attribute eines Bischofs, Ring und Stab (Hirtenamt und geistliche Gerichtsbarkeit), erinnert:

*Ring und Stab, o seid mir auf Rheinweinflaschen willkommen!*
*Ja, wer die Schafe so tränkt, der heißt wahrlich ein Hirt.*
*Dreimal gesegneter Trank!*
*Dich gewann mir die Muse.*
*Die Muse schickt dich, die Kirche selbst drückte das Siegel dir auf.*

In vielen Teilen seines großen Werkes hat Schiller den Wein erwähnt. Meistens sind es alkoholreiche, schwere Weine (so der Malaga in »Kabale und Liebe«, der Burgunder in den »Räubern«), die der Dichter, trotz seiner schwächlichen Gesundheit, auch selbst trank.

Der Wein war ihm nicht nur Anreger, der Menschen nicht verändert, aber ihre Identität bekennen läßt (das treffliche Zitat hierzu aus den »Piccolomini« findet sich in der Zitatensammlung zu Anfang dieses Buches), er kannte auch seine gesundheitsfördernde

Wirkung. Sonst hätte er nicht seinem Freund Christian Gottfried Körner, bevor dieser zur Kur nach Karlsbad reiste, in Sorge um sein Befinden in einem Brief vom 12. Juni 1788 empfohlen:

*Ich wollte, daß Du mehr Vegetabilien in Deine Diät mischtest und über Tische immer ein bis zwei Gläser Wein tränktest, um Deine Cirkulation frischer und leichter zu machen,*

womit er alte, von der modernen Medizin bestätigte Erkenntnisse mitteilte (Vegetabilien = pflanzliche Speisen, Cirkulation = Blutkreislauf).

Wo man ihn nicht zum Zechen verleitete, galt, was Goethe 1827 im Gespräch mit seinem Sekretär Eckermann bemerkte:

*Schiller hat nie viel getrunken, er war mäßig.*

Daß er gelegentlicher »gesellschaftlicher Verführung«, wie es Freunde nannten, erlag und vom Wein nicht aufbrach, ist wohl eine Eigenheit, zu der auch gewöhnliche Sterbliche neigen. So berichtet Heinrich Voß in einem Brief vom 6. Dezember 1804 (fünf Monate vor Schillers Tod) von einem Maskenfest, es habe »die Schillern« (Charlotte) nacheinander drei Abgesandte zu ihrem Mann geschickt, um ihn zum Nachhausegehen zu bewegen, der aber sei geblieben:

*Da haben wir zusammen gesessen bis gegen drei Uhr, um unsern Trinkkönig herum, den herrlichen Schiller (...) Der Champagner setzte ihn gerade in die Stimmung, in der er das Lied an die Freude muß gemacht haben.*

»Dieses Glas dem guten Geist...«, heißt es in jenem Gedicht, und im »Siegesfest« dichtet er begeistert:

*Trink ihn aus, den Trank der Labe,*
*Und vergiß den großen Schmerz!*
*Wundervoll ist Bacchus Gabe,*
*Balsam für's zerrissne Herz.*

Am 30. Juni 1804 wurde der im Keller des Dichters vorhandene Weinbestand aufgenommen. Man notierte: »Malaga 61 bouteillen, Bourgogner 35, Champagner 22, Weißer Portwein 10, Leistenwein 2, Ruster 17, Oedenburger 6, Frankenwein 34, Falerner 4/2, Rum 5, Muskaten 4.«

Was ihm guter Wein bedeutete, läßt sich aus einem Dankbrief erkennen, den er am 9. August 1903 an Johann Friedrich Cotta in

Stuttgart, den Verleger der deutschen Klassiker, richtete, worin es heißt:

> Ich habe aus Bremen einen delikaten weißen Portwein erhalten, wofür ich Ihnen, werthester Freund, aufs verbindlichste danke. Es ist ein wahres Lebensöl, das Herz und Eingeweide stärken wird.

Solch fürsorgliche, um die Gesundheit ihrer Autoren besorgte Verleger dieser Art sind selten geworden!

# Jean Paul
## (1763–1825)

Johann Paul Friedrich Richter – so sein bürgerlicher Name –, als
Sohn eines ländlichen Predigers am Fuß des Fichtelgebirges geboren, ist nur wenigen noch bekannt als Autor des »Schulmeisterlein
Wuz« oder des »Siebenkäs«, der ein Armenadvokat war – ein
humorvoll-reflektierender Erzähler. In Weimar war er mit Herder
und Schiller bei Goethe eingeladen, in Bamberg begegnete er
E. T. A. Hoffmann. Er war der meistgelesene Schriftsteller seiner
Zeit, ein Meister deutscher Prosa, dessen Werke zu lesen kaum
noch jemand Beschaulichkeit und Geduld aufbringt.

Seine Persönlichkeit wurde völlig unterschiedlich beurteilt:
Nannten ihn einige bescheiden und anspruchslos, so andere eitel
und anmaßend. Goethe bezeichnete ihn in einem Brief an Schiller
als ein »kompliziertes Wesen (…), und niemand weiß das wunder-
liche Wesen recht anzufassen«, Wieland fühlte sich bei ihm »auf angenehme und unangenehme Art überrascht«, er sei jedoch »ein
sehr interessantes Original«, und in einem Brief an Wieland beur-
teilte die Herzogin Amalia von Weimar Jean Paul als humorvoll
und liebenswürdig: »… ein sehr angenehmer Gesellschafter, wegen
seines unerschöpflichen Witzes«.

Er sei, so wird fast übereinstimmend berichtet, nachlässig geklei-
det unterwegs gewesen, mit buntbestickter Tasche, in der er seine
Papiere und eine Flasche Wein bei sich führte, begleitet von seinem Pu-
del Ponto, in freier Landschaft unter einem Baum sitzend habe er
oft geschrieben. In seinem Arbeitszimmer habe ein »geordnetes
Chaos« geherrscht, Bücher und Weingläser standen – so einige Besucher – einträchtig auf dem Schreibtisch, es roch nach Wein.

Dies vorauszuschicken ist unumgänglich, denn es hat auch mit
dem Verhältnis Jean Pauls zum Wein und dessen Bedeutung für
seine Werke zu tun.

»Sein Kolorit gleicht dem eines Weintrinkers«, schreibt der Maler
Ferdinand Grimm am 1. März 1815 an seine Brüder, und so unterschiedlich wie die Beurteilung seines Charakters und Benehmens

ist auch die als Weintrinker. In Bayreuth, wo er zuletzt lebte, wurde er nicht »estimiert«. Die einen behaupten: »Nüchtern kann er kaum etwas schreiben« (so Böttiger in seinem 1838 erschienenen Buch »Literarische Zustände und Zeitgenossen«), oder: »...er ist von früh bis abend vom Trunke gespannt, nicht betrunken. Früh arbeitet er stets bei zwei bis drei Bouteillen Burgunder« (so die Schriftleiterin des Cottaischen Morgenblattes in einem Brief vom 3. Juli 1819 – eine Mengenangabe, die Eduard Berend, Herausgeber der zeitgenössischen Berichte, als »stark übertrieben« wertet). Andere erinnern sich an stilvolle, vom Wein begleitete Mahlzeiten, und seine Tochter Emma schreibt dem Maler Ernst Förster: »Im Essen und Trinken war er sehr mäßig. Früh beim Schreiben trank er eine Flasche Wein nicht ganz aus.« Schließlich gibt es auch solche unter denen, die ihn kannten, die zwar von »unmäßigem Trinken« sprechen, aber hinzufügen, nach seiner eigenen Erklärung sei dies nur zum Besten seiner Arbeit geschehen.

Jean Paul war meistens beleidigt, wenn ihn jemand auf seine Trinkgewohnheiten ansprach, und ließ einmal wissen, er wolle sich »doch ernsthaft über meinen Trinkunfug verteidigen«, womit er die von ihm als Unsinn empfundenen Nachreden meinte (so in einem Brief vom 15. März 1803 an den Bayreuther Geschäftsmann und Freund Emanuel Osmund). Und er formulierte seine Rechtfertigung im Sinne einer Darlegung des Zusammenhanges von Weingenuß und Kreativität alsdann wie folgt:

> »Konntest du nicht so viele und treffliche Werke in längerer Zeit bei kleinerer Anspannung geben«, sagt die Welt. Nein, Welt! Die Kunst fordert Intension der Anstrengung, nicht Extension (...). Mit bloßem natürlichen Feuer ohne äußeres sind gewisse Kalzinier-Effekte gar nicht zu machen.
> (...) Was Trunkenheit ist – die nämlich den Geist lähmt anstatt beflügelt (...) – kenn' ich nicht.

Karl Friedrich Kunz, der auch mit E. T. A. Hoffmann befreundete Bamberger Verleger, Wein- und Buchhändler (auch diese gewerbliche Symbiose gab es einmal!), erzählt in seinen Erinnerungen von einem Gespräch bei einem Mittagessen im Jahre 1809 (»Köstlicher Chambertin, den wir über Tische genossen, bewegte die Geister freier und ungezwungener...«). Jean Paul äußerte sich dabei zu

*Johann Paul Friedrich Richter an Emanuel Osmund in Bayreuth unter dem 5. Dezember 1806: »Guten Morgen! Darf ich denn das, ungezwungen (gestrichen Geld) Wein-Anleihen machen, um über das Abc nicht als Abc-Schüler zu schreiben? – Sie glauben kaum, wie viel meine Nachkommenschaft Wein säuft; ich bekomme das Wenigste. Auf frohes Wiedersehn!«*

den ihn kränkenden Bemerkungen mancher Leute und zu seiner vom Wein beflügelten Arbeitsweise. Kunz berichtet:

»Er war so wenig verschlossen gegen mich, daß er sogar ein Thema berührte, von dem er nur stets sehr ungern sprach, und sich mit aller Offenheit darüber gegen mich äußerte. Es betraf das Urteil eines 'Packs' (...), das sich zum Geschäfte machte, allerlei Anekdoten über ihn als übermäßigen Trinker zu verbreiten. Er klagte mir, auf das tiefste indigniert, wie diese Menschen gar nicht wüßten, wie sehr sie durch solche Äußerungen seinen sittlichen Charakter auf das abscheulichste verletzten und zerrissen, wenn sie ihn in die Klasse gemeinen Trunkenbolde setzten:

›*Nun pflege ich nicht zu arbeiten, wenn Geist und Körper wollen, sondern wenn die Zeit gebietet, die mit ihren paar Tagesstunden mir, ach! nur zu schnell vorüberfährt. Sie will ergriffen sein, und wie kann ich all den Stoff, den ich im Kopfe mit mir herumtrage, zutage fördern, wenn ich ihre Stunden, Minuten, ja Sekunden nutzlos vorüberstreichen lasse?*‹«

Der Dichter war kein Freund unmäßigen Zechens. Ganz im Sinne heutiger Empfehlung zu »moderatem Weingenuß« und seine eigenen Anmerkungen zum Wein als »Antriebsmittel« einschränkend, hat er einmal folgende »Allgemeine Regeln« aufgestellt:

*Meide Übermaß im Trinken (...). Man muß bloß so viele geistige Getränke nehmen als eben für die Gesundheit und Gewohnheit gehören, aber nicht darüber hinaus etwa so viel, als man an geistiger Anstrengung nötig hätte*

(wobei das listige Kriterium der »Gewohnheit« vielleicht ein Hintertürchen offenläßt).

Viele seiner Freunde verstanden sehr wohl, daß gute Gedanken nicht nach Bedarf kommen und daß der Wein sie zu fördern vermag:

*Wer solche Herzensergießungen, solche zarten Gefühle wie die Jean Paulschen nur in der Weinbegeisterung hat und nicht in dem nüchternsten und darum edelsten Sein des reinen Selbst, der muß freilich im Umgang und Leben sich ganz anders ausnehmen als in seinen weinerzeugten Schriften, wenngleich in beiden ein gewisser Geist gleichmäßig herrschen muß.*

So der theologische Dozent Adam Wilhelm Brahts am 18. September 1847.

Wir sind einigermaßen genau darüber unterrichtet, wie der Wein den Tagesablauf Jean Pauls begleitete – aus seinen eigenen Anmerkungen wie aus den Berichten von Zeitgenossen: Von der Flasche Wein, die er früh beim Schreiben nicht ganz ausgetrunken habe, wissen wir schon von seiner Tochter Emma. Heinrich Voß, Professor der Philosophie in Heidelberg, schreibt am 31. Juli 1817 an seinen Bruder Abraham:

*Des Morgens ¹/₂ 8 Uhr geht Jean Paul mit seinem Hund und dem Schreibzeuge (...) und einer Flasche Wein auf die Sattler-Müllerei, und vor dem Gartenhäuschen oben auf der Höhe setzt er sich zum Arbeiten hin.*

Oft arbeitete er auch den ganzen Tag in einem »kleinen, bräunlichen Wirtshaus« nahe Bayreuth, zu dem eine Kastanienallee führte und das von Frau Rollwenzel besorgt wurde, darum »die Rollwenzelei« geheißen. Gelegentlich ließ er das Mittagessen vorübergehen, weil er die Arbeit nicht unterbrechen wollte. Zwanzig Jahre lang schrieb und aß er dort, berichtete Frau Rollwenzel am 17. August 1826, ein Jahr nach seinem Tode, Wilhelm Müller und seinem Begleiter, der nach dem Arbeitszimmer schauen kam:

*Nach einem Stündchen kam ich wieder, aber der Geist ließ ihn noch nicht zu sich kommen, und wenn er endlich aufstand und die Treppe herunterkam, da schwankte er hin und her, und ich ging, ohne daß er es merkte, vor ihm her, damit er keinen Schaden nähme.*

*Ach Gott, da dachten die bösen Menschen, die ihn nicht kannten, er hätte zuviel getrunken. Aber, so wahr mich Gott selig mache, das war es nicht. Ein Fläschchen Roussillon des Tages über, abends manchmal ein Krug Bier, mehr hat er bei der Rollwenzeln nicht zu sich genommen, einen Ehrentag etwa ausgenommen, wenn er mit ein paar guten Freunden hier war.*

Gelegentlich folgte Jean Paul zum Mittagessen auch einer Einladung. Heinrich Voß:

*Um 1 Uhr gingen wir zur gastfreien Frau Rätin, wo wir ein wahrhaft herrliches Mittagsmahl fanden und einen wunderköstlichen Wein. Wir wurden alle sehr gesprächig, Jean Paul zuletzt bis zur Ausgelassenheit.*

Oder Karl Cäsar von Leonhards schöne Beschreibung eines gemeinsamen, vom Wein belebten Abendmahles:

*Beim Abendessen ließ sich ungewöhnlicher Aufwand in Küche und Keller nicht vermissen. Üppige Tafelgenüsse, erlesene Weine verschmähte Jean Paul keineswegs und blieb sodann nicht immer – was er hätte bleiben sollen. Die Unterhaltung wurde nun gedoppelt belebt. Er war zum Sprechen besonders aufgelegt. Sinnreiche Einfälle, witzige Anspielungen, zum Teil etwas frivol, selbst drastisch, wechselten mit ernsten Ansichten. Man bewunderte, man jauchzte und trank mit stürmischem Beifall und Gläserklang wiederholt des kühnen Dichters Gesundheit; oft mußte er innehalten, um Jubel und Gelächter verbrausen zu lassen.*

Welche Weine der Dichter trank, ist nur spärlich überliefert. Wein mit Wasser zu vermischen lehnte er ab (»daß der Wein, der mich so heiter gestimmt, mir verbietet, ihn mit Wasser zu vermischen« – so im August 1810 zu dem Verleger Kunz, der ihn in Bamberg besuchte. Dieser berichtet auch von einer Begegnung ein Jahr zuvor, drei Gegenstände seien es gewesen, die ihr Gespräch von 1 bis 6 Uhr ausfüllten: »Seine Werke – Bayreuth – und der Wein.«

Als die schwedische Schriftstellerin Montgomery-Silverstolpe ihn 1825 besuchte, da bemerkte er ihr gegenüber, der bei Bayreuth wachsende Wein sei nicht gerade der beste, fügte indessen hinzu: »Aber ich (…) meine doch, daß der mittelmäßige Wein, der meinen Durst löscht, besser schmeckt als der vortrefflichste, von dem ich nichts abkriege.«

Vermutlich war es den Bayreuthern schon kritikwürdig, daß da jemand tagsüber, bei der Arbeit, Wein trank. Das lockere »outfit« Jean Pauls hinzugenommen, genügte dies wohl, um ihn als Außenseiter anzusehen. Er selbst hat wiederholt versichert: »Höchstens eine Flasche, meist weniger« (zu Ludwig Rellstab am 24. August 1821).

Wein war für Jean Paul Stimulans, »Kur- und Eßmittel« (so in einem Brief an seinen Freund Osmund), und was dessen Bedeutung für die Kreativität anging, so sagte er im Jahre 1817 zu dem Germanisten August Zeunge:

*Der Wein wirkt stärkend auf den Geisteszustand, den er vorfindet, er macht die Dummen dümmer, die Klugen klüger.*

Eine Erkenntnis, die er mit vielen geistig Schaffenden teilt. Letztlich wirkt der Wein nicht allein auf den Intellekt, sondern – wie jeder weiß – vornehmlich auf das Gemüt, die Psyche, das »Befinden«. Es ist kaum eine passendere »Zustandsbeschreibung« zu denken als jene, die Jean Paul in einem Brief an den Schriftsteller, Freund und Biographen Christian Otto am 3. November 1798 gibt:

*…der ich oft ein Glas Wein verehre. Ich bin Herr und Maire meiner ganzen Brust, der schönste Frieden ist darin beschworen, und alle Grundsätze sind auf den Beinen. Wahrlich, ich bin glücklich.*

# Ludwig van Beethoven
## (1770–1827)

Flämischer Herkunft, aber Rheinländer von Geburt (in Wien erinnert er sich »der mir ewig liebenden Rheingegenden«), war Beethoven früh schon mit dem Wein vertraut. Mehr darüber erfahren wir aber erst aus seiner späten Wiener Zeit (von 1792 bis zu seinem Tod lebte der Komponist dort).

Welche seiner Sinfonien, Klavierkonzerte, Sonaten vom »Göttertrank« angeregt wurden, ist nicht nachweisbar. Daß die Palette seiner Weine groß war, ist indessen belegt: Solche aus Vöslau (Niederösterreich) und Ofen (Ungarn) werden besonders oft genannt, es folgen Erzeugnisse aus Gumpoldskirchen, von der Mosel und aus Rüdesheim. Zwar sei Beethoven kein allzugroßer Weinkenner gewesen, wohl aber ein passionierter, steter Freund des Weines, in seinen kranken Tagen vom Arzt unterstützt insofern, als dieser ihm den maßvollen Genuß bestimmter alter Weine zur Genesung empfahl: »Wein und Gesundheit« anno dazumal.

Von den Eß- und Trinkgewohnheiten des Komponisten vermerkte der Violinspieler Karl Holz (beide waren hernach eng befreundet) nach dem Bericht des Beethoven-Biographen Thayer:

*Er aß stark und substantiös; er trank bei Tisch viel Wein, konnte aber viel vertragen. In lustiger Gesellschaft bekneipte er sich auch.*

Zu dem volkstümlichen Bild vom mürrisch in sich gekehrten, freudlosen Künstler paßt dies kaum. Im Wirtshaus freilich wollte er ungestört sein. So hatte er – Franz Lachner erinnert sich – in den letzten Jahren seines Lebens im Gasthaus »Zur Eiche« auf der Brandstatt, wo er sich regelmäßig samstags aufhielt, einen kleinen Tisch in einem Winkel, an den sich aus Respekt sonst niemand setzte.

Einmal notierte er eine Wiener Adresse, der wir auch bei Schubert begegnen: »Ausschank ungarischer Weine, Himmelpfortgasse Nr. 1023, wo auch Zimmer für Gäste ...«.

Unter den möglichen Lokalen wählte Beethoven aber aus, und sagte ihm keines zu, blieb er lieber zuhause. So ließ er im Januar 1809 einen Bekannten wissen:

*Ich esse heute zuhause, des besseren Weines halber; wenn Sie sich be-*
*stellen, was Sie haben wollen, so wär's mir lieb, wenn Sie auch zu mir*
*kommen wollten; den Wein bekommen Sie gratis, und zwar besser wie*
*in dem hundsföttischen Schwanen.*

Alle seine Besucher erinnern sich, daß ihnen Wein angeboten
wurde und Beethoven besonders auf deren Naturreinheit achtete.

Im Jahre 1824 besuchte ihn ein Herr aus London (Stumpff, in Thüringen geborener Musiker), Noten wegen. Ihm verdanken wir eine
nette Schilderung zu Beethovens Tischsitten und -gewohnheiten:

*Nun saß ich allein mit Beethoven an seinem wohlbesetzten Tisch. Zwei*
*hohe, altväterliche Flaschen voll von rötlichem Wein standen ihm zu bei-*
*den Seiten und eine kleine Flasche glänzte zu seiner Linken, den Nach-*
*tisch zu verherrlichen. »Was Sie hier finden werden sind einfache Speisen,*
*nicht vergiftet vom Koch; so ist auch der Wein unverfälscht und natürlich*
*(. . .). Jetzt zugreifen und gegessen und getrunken, wie's Gott bescheret!«*
*Ich folgte seinem Exempel und ließ mich nicht saumselig finden. Der*
*Wein, der rein und gut war, erweckte die Lebensgeister bei meinem Wirt,*
*der immer die beiden Gläser so recht behaglich füllte und seinem Gast immer*
*das erste zuschob, und da er ununterbrochen fort sprach, so kamen wit-*
*zige und drollige Einfälle ans Licht, worüber er oft selber auflachte.*

Von einer Begegnung mit dem dänischen Konzertmeister Kuhlau
am 2. September 1825 weiß Seyfried zu erzählen:

*Es wurde ein Spaziergang unternommen (. . .). Sie erholten sich bei*
*einem heiteren Mittagsmahl im Helenenthal, bei welchem der Cham-*
*pagner reichlich floß. In Beethovens Wohnung tat dann der Vöslauer*
*das übrige (. . .). Sie waren alle, Beethoven an der Spitze, in übermütigster*
*Laune, von welcher auch das Konversationsbuch Kunde gibt.*

In seinem Todesjahr war der Komponist verschiedentlich um auch
vom Hausarzt für seine Gesundheit empfohlene alte Weine be-
müht. Hierüber existiert zahlreicher Schriftwechsel.

So wandte er sich an seinen alten Freund und früheren Hausherrn Pasqualati:

*Nun den Wein betreffend (. . .) er gab Gumpoldskirchener mehrere Fla-*
*schen und behauptete, daß dieser der beste sei für meine Gesundheit, da*
*nun einmal kein alter Moselwein zu haben sei.*

Am 22. Februar 1827 schrieb er an seinen Verleger Schott in Mainz:

*Nun komme ich aber mit einer sehr bedeutenden Bitte. – Mein Arzt*

*Brief Beethovens vom 22. Februar 1827 an den Musikverlag Schott in Mainz*

*verordnet mit sehr guten, alten Rheinwein zu trinken. So etwas hier unverfälscht zu erhalten ist um das teuerste Geld nicht möglich. Wenn ich also eine kleine Anzahl Bouteillen erhielte, so würde ich Ihnen meine Dankbarkeit für die Cäcilia bezeugen. Auf der Mauth würde man, glaube ich, etwas für mich tun, so daß auch der Transport nicht so hoch käme (…). – Je geschwinder ich also diesen Rheinwein oder Moselwein erhalte, desto wohltätiger kann er mir in diesem jetzigen Zustande dienen.*

(»Caecilia« war die Hauszeitschrift des Verlages)

Am 1. März 1827 wiederholte er seine Bitte dringlich, desgleichen am 10. März. Schott hatte inzwischen, schon auf den ersten Brief hin, geantwortet:

*Die sehr geehrte Zuschrift vom 22. Februar haben wir mit sehr großem Bedauern durchlesen; indem Sie uns damit noch nicht Ihre Wiederherstellung kundtun konnten.*

*Um Ihrem geäusserten Wunsch so schnell als möglich nachzukommen, so haben wir [bei] einem unserer sehr guten Freunde einen kostbaren Rüdesheimer Berg-Wein von 1806, und von demselben selbst gezogen und ganz rein erhalten, für Ihnen gewählt und bereits in einem Kistchen Sig. V. B. W. über Frankfurt (…) 12 Bouteillen per Fuhrgelegenheit an Ihnen abgesandt (…).*

*Damit Ihnen jedoch noch früher eine kleine Labung gereicht werden kann, so sandten wir heute per Postwagen ein kleines Kistchen sowie ein kleines Päckchen mit Ihrer Adresse ab. Das Kistchen enthält vier Bouteillen, zwei davon mit reinem Wein, zwei andere Bouteillen von demselben Wein und mit Kräutern angesetzt, welche, nach Vorschrift genommen, für Ihre Krankheit als Arznei dienen sollen.*

Die Eilsendung erreichte Beethoven noch. Von der Sterbestunde Beethovens berichtet Schindler, sein Biograph und enger Vertrauter, in einem Brief an Schott, der dann in der »Caecilia« abgedruckt wurde:

*In diesem Augenblick trat der Kanzlei-Diener des Herrn Hofrates von Breuning mit dem Kistchen Wein und dem Tranke, von Ihnen geschickt, ins Zimmer. Das war gegen $^3/_4$ auf 1 Uhr. Ich stelle ihm die zwei Bouteillen Rüdesheimer und die anderen zwei Bouteillen mit dem Tranke auf den Tisch an seinem Bette. Er sah sie an und sagte: »Schade! Schade! – Zu spät!« Dies waren seine allerletzten Worte.*

# E. T. A. Hoffmann
## (1776–1822)

Bei keinem anderen deutschsprachigen Dichter sind Werk und Wein so ineinander verwoben wie bei Ernst Theodor Amadeus Hoffmann, dem »Universalgenie«: Exzentrisch-phantasievoller Dichter von Novellen und Märchen (»Kreisleriana«, »Die Elixiere des Teufels«, »Kater Murr«), Musiker, Zeichner und Kammergerichtsrat. Ihm soll daher ein größeres Kapitel gewidmet werden.

Die zwiespältige Persönlichkeit Hoffmanns, der aus der Ehe zwischen einem Bohémien und einer stillen, leicht hysterischen Bürgerstochter stammte (woraus sich das Nebeneinander von grübelndem Einfallsreichtum und richterlicher Gewissenheit erklären mag), gab seinen Zeitgenossen Anlaß zu hohem Lob ob seines Schaffens und hämischem Tadel ob seiner Neigung zum Trinken. Manche glaubten, den Künstler vom Menschen trennen, diesen mit abfälligen Worten bedenken und jenem einen würdigen Platz in der Kulturgeschichte einräumen zu können, auf den zutraf, was seine Freunde in das Grabmal einmeißeln ließen: »Ausgezeichnet im Amte, als Dichter, als Tonkünstler, als Maler.«

Womit beginnen bei einer das Thema »Wein und Kreativität« in den Mittelpunkt stellenden Skizze seines bunten Lebens? Dem bildungsbeflissenen Leser und selbst dem bei Weinproben mit Anekdoten unterhaltenen Freund leichterer Lektüre fällt bei dem Stichwort »E. T. A. Hoffmann« gleich das Histörchen von der Entstehung des Wortes »Sekt« und damit die Gedankenfolge »Devrient«, »Lutter & Wegener« und zuletzt der Name des mit dem Schauspieler Devrient befreundeten Dichters ein. Das Weinhaus befand sich in Berlin in der Charlottenstraße 49 an der Ecke zur Französischen Straße (im zweiten Weltkrieg zerstört). Vor allem die Donnerstagabende fand man dort E. T. A. Hoffmann in weinfröhlicher Diskutierrunde, zu der außer Devrient u. a. auch Fouqé und Brentano gehörten. Der Dichter führte dort auch junge Schauspieler ein. Vielen Gästen behagten der Sarkasmus und das apodiktische Urteil Hoffmanns nicht, sie blieben wieder aus. Das »Stammgast-Duo« Hoffmann und Devrient ist wiederholt dargestellt worden. Bekannt ist eine im Verlag von Paul Bette in Berlin erschienene Fotografie, weniger bekannt die Federzeichnung Hoffmanns in einem Brief an Devrient um 1818 und fast unbekannt ein Ölgemälde von Hermann Kramer, das nach dem Tode von Hoffmann entstand (beide letztere sind darum hier wiedergegeben). Diese Begegnungen wurden beliebtes Thema fabulierender Anekdotenerzähler und ließen das landläufig-oberflächliche Bild vom weinselig nach Hause wankenden Kammergerichtsrat entstehen.

Indessen hat sein Beruf als Richter unter der zweifellos vorhandenen Trinkfreudigkeit nie gelitten. Auch wenn er bisweilen erst ins Weinhaus ging, wenn alle anderen sich nach Hause begaben, und dort den Morgen abwartete, auch wenn in den letzten Jahren seines Lebens die Angst vor bürgerlicher Eintönigkeit ihn häufiger zur Flasche greifen ließ – seine Dienstgeschäfte erledigte er »schnell und diszipliniert (…), um sich dann unbelastet seinen künstlerischen Ambitionen zuwenden zu können«, wie Alfred Hoffmann aus amtlichen Unterlagen und Aussagen feststellte. Abgesehen von den beiden Sitzungstagen des Kammergerichts (Montag und Donnerstag) konnte er seine Arbeit weitgehend frei einteilen, arbeitete zuhause, ließ nie Rückstände bei den Akten aufkommen und erledigte sein umfangreiches Arbeitspensum zur Zufriedenheit seiner Vorgesetzten. Der Ernst und die Ruhe, mit dem er als Richter wirkte, kontrastierte mit seiner üppigen, zum Komischen neigenden Phantasie, vielen unbegreiflich. Spätestens die Abende und Nächte verbrachte Hoffmann freilich beim Wein und beim Champagner, der seine wunderlich-exaltierte »andere Seite der Persönlichkeit« zur Entfaltung kommen ließ.

Welche Getränke bevorzugte der Dichter? Wein vor allem, aber auch den schon erwähnten Champagner, den er in einem Brief an den Grafen Pückler als den »sphärischsten aller Weine« preist und von dem er am 31. Januar 1811 notiert: »Champagner getrunken non moderato!«, bis dann der Falstaff-Darsteller Devrient ihm über ein Mißverständnis des Kellners zum Namen »Sekt« für deutsche Erzeugnisse verhalf. Weinsorten werden viele genannt: Den Pater Hilarius im »Kater Murr« läßt Hoffmann »der alleinseligmachenden Kirche zu Ehren gerne ein Gläschen Niersteiner oder Bocks-

*Devrient und Hoffmann. Federzeichnung des Dichters, um 1810*

beutel« genießen, in der Erzählung »Die Räuber« läßt der alte Graf
hundertjährigen Rheinwein aus dem Keller holen, im »Meister
Wacht« werden die Gäste außerdem mit »herrlichem Muskateller«
bewirtet, Burgunder trinkt man im »Ritter Gluck« beim Konzert im
Tiergarten und aus einer auf das Klavier gestellten Flasche der Kapellmeister in den »Kreisleriana«.

Am 18. März 1812 empfiehlt Hoffmann von Bamberg aus seinem
Freund (späteren ersten Biographen) Julius Eduard Hitzig (in Berlin) »den Chambertin als wahren, poetischen Wein, der mir schon
oft in Sinfonien und Arien verdunstet ist« (was heißt: mich zu solchen angeregt hat), in der »Brautwahl« pflegt der Geheime Kanz-
leirat Tusmann sonntags nach der Predigt ein Gläschen Malaga zu
kosten, schließlich werden auch Sherry, Portwein und Tokayer in

Erzählungen und Briefen genannt, alles Hinweise, daß der Dichter diese Weine auch selbst trank.

Zuhause erfreute ihn zwar auch der öfters genannte dampfende Punsch, Labetrunk der Romantiker und Klassiker (siehe Schillers »Punschlied«), wie auch der »Bischof« (Rotwein, mit Pomeranzen und Zucker versetzt). Dort wie in den Weinstuben war aber der Wein sein eigentlicher Favorit. Er bezog ihn häufig von Carl Friedrich Kunz in Bamberg, der Weinhändler war und sich auch als Buchhändler (Hoffmann kaufte bei ihm auch juristische Literatur) und Verleger betätigte. Ihn hatte Hoffmann kennengelernt, als er, seit 1808, in Bamberg Musikdirektor war. Bei Kunz erschien auch sein erstes Buch, eingeleitet von Jean Paul (in dessen Weinbiographie wir Kunz ebenfalls begegnen). Auch nach Dresden und Berlin, den folgenden Wohnorten, lieferte Kunz Wein. Vermutlich hatte er auch den gebürtigen Ostpreußen Hoffmann mit dem Wein vertraut gemacht.

Vom 8. September 1813 ist ein Brief Hoffmanns an Kunz erhalten. Darin bittet er »um den sublimsten aller Weine (...), den göttlichen Chambertin« und schildert den Zustand,

*da sich der Dunst der sublimsten Weine zum optischen LinsenGlase verdichtet, vor dem sich allerlei närrische Gestalten in skurilen Bocksprüngen lustig und ergötzlich bewegten! Was ist der Mensch o Gott! pflegte ich dann oft andächtig zum Himmel blickend zu sagen, wenn mir der Chambertin Prima recht gut mundete.*

Daß er die lesbare Bibliothek ebenso schätzte wie die unterirdische, wußten seine Verleger (Kunz zumal, der in höchst ungewöhnlicher Personalunion beides besaß und gewerblich betrieb). So schickten ihm die Verleger der erfolgreichen Novelle »Das Fräulein von Scuderi«, die Gebrüder Wilmanns in Frankfurt, gegen Ende des Jahres 1818 als »Zusatzhonorar« noch eine Kiste mit 50 Flaschen 1811er Rüdesheimer Hinterhaus – eine nachahmenswerte Geste!

Daß E. T. A. Hoffmann kein Trinker um der Betäubung willen, sondern ein Kenner des inneren Wertes und Wesens der Weine war, zeigt am treffendsten eine Stelle aus den »Kreisleriana«. Darin deutet er zunächst den tieferen Zusammenhang zwischen Weingenuß und schöpferischem Schaffen an (zu dem er sich, wie noch zu zeigen

*E. T. A. Hoffmann und Devrient in der Weinstube von Lutter& Wegner in Berlin*

sein wird, oft rechtfertigend äußerte) und gelangt sodann zu einer Zuordnung bestimmter Weine zu bestimmten Musikarten:

*Sollte es wirklich geraten sein, dem innern Phantasierade Geistiges aufzugießen (welches ich doch meine, da es dem Künstler nebst dem rascheren Schwung der Ideen eine gewisse Behaglichkeit, ja Fröhlichkeit gibt, die Arbeit erleichtert), so könnte man ordentlich rücksichts der Getränke gewisse Prinzipien aufstellen.*

*So würde ich zum Beispiel bei der Kirchenmusik alte Rhein- und Franzweine, bei der ernsten Oper sehr feinen Burgunder, bei der Komischen Oper Champagner, bei Kanzonetten italienische, feurige Weine, bei einer höchst romantischen Komposition, wie die des Don Juan ist, aber ein mäßiges Glas von eben dem von Salamander und Erdgeist erzeugten Getränk anraten* (womit wohl der Punsch gemeint ist).

Übrigens: Bier lehnte er als »geist- und seelenloses Getränk« ab.

Bevor wir uns vertiefend der kreativen, fördernden Wirkung des Weines im Schaffen E. T. A. Hoffmanns zuwenden, einige Tagebuchnotizen, die in akribischer, juristisch-erschöpfender Weise jedenfalls den heiteren Teil seiner Tagesabläufe bündig umschreiben. Sie sind so zahlreich, daß eine Auswahl besonders kurioser Vermerke genügen muß:

*12. 10. 1803: »Mittelmäßiger Tag. Gepunscht des Abends.«*

*13. 10. 1803: »Dito – Dito.«*

*14. 10. 1803: »Dito«.*

*12. 1804: »Den ganzen Tag im Schlafrock zu Hause zugebracht – gebischofft Mittag und Abend.«*

Eine besondere Rolle spielte bei diesen Notizen aus der Bamberger Zeit die »Rose«, das Gasthaus, in dem sich das Theater befand und wo sich die Künstler nach der Abendvorstellung trafen und in dem Hoffmann regelmäßig zu Gast war. Wohl um Vorwürfe der wenig erfreuten, zu Hause harrenden Gattin zu verhüten (dies auch eventuell wegen seines Verhältnisses zu »Käthchen« = Julchen Marc), registriert Hoffmann seit 1811 Trunk und Rausch in seinen Tagebüchern nicht mehr mit Worten, sondern mit ideographischen Zeichen, einem Becher, der zur Andeutung besonders »exaltierter Stimmung«, wie er es nannte, mit Flügeln versehen ist – ein Kuriosum erster Klasse.

Daß es auch Tage des sich regenerierenden Nichtstuns gab darf bei einem romantischen Genius nicht verwundern. So der Eintrag am 16. 1. 1811:

*Madeira: Nichts getan. O weh!!*

Ohne nähere Begründung notiert Hoffmann am 4. 1. 1812:

*Höchst exotische Stimmung. Bittere Erfahrung – Anstoßen der poetischen Welt mit der prosaischen, aber dennoch Exaltatione! Exaltatione grandissima!*

Das Tagebuch gibt aber auch Auskunft darüber, wie sehr Hoffmann durch den Wein in seinem Schaffen angeregt wurde. So vermerkt er beispielsweise unter dem 25. 1. 1811:

*Abends Punsch getrunken und am Sextett der »Aurora« mit Begeisterung gearbeitet. Das Sextett in den Singstimmen geendigt und mit Glück. Burgunder getrunken; item es hilft.*

Oder am 15. 2. 1811:

*Den 15. das Märchen »Der goldene Topf« geendigt und zwar mit Glück in voller Gemütlichkeit beim Glase Punsch, den mir die Frau bereitet.*

Schließlich, um andere vermehrbar, am 19. 5. 1812:

*Dann in der »Rose« ein Schöppchen getrunken, wohl und gemütlich zu Hause angekommen. Ich bin mit mir zufrieden – ein reger Geist zur Tat belebt mich.*

Hoffmann trank, um das »Mißverhältnis des inneren Gemüts mit dem Außenleben« auszugleichen (wie es in den »Serapionsbrüdern« heißt). Und erneut in den »Kreisleriana«, darin die Figur des Kapellmeisters zu identifizieren ist mit dem Musiker und Dichter E. T. A. Hoffmann, auch in Aussagen wie dieser:

*… gewiß ist es, daß eben in der glücklichen Stimmung, ich möchte sagen, in der glücklichen Constellation, wenn der Geist aus dem Brüten in das Schaffen übergeht, das geistige Getränk den regeren Umschwung der Ideen befördert. – Es ist gerade kein edles Bild, aber mir kommt die Fantasie her vor wie ein Mühlrad, welches der stärker anschwellende Strom schneller treibt – der Mensch gießt Wein auf, und das Getriebe im Innern dreht sich rascher!*

Welch ein anschauliches, überzeugendes Gleichnis! Lückenlos läßt sich ihm eine Anmerkung des Kapellmeisters Kreislers anfügen, die ebenfalls auf die menschliche Phantasie beflügelnde Eignung des Weines hinweist. Er sagt zur Prinzessin Hadwiga:

*Jeder Mensch hat doch am Ende einen angeborenen Hang zum Fliegen,*
*und ich habe ernste, honette Leute gekannt, die am späten Abend sich*
*bloß mit Champagner, als einem dienlichen Gas, füllten, um in der*
*Nacht, Luftballon und Passagier zugleich, aufsteigen zu können.*

Auch seine Freunde und Bekannten bestätigen, übereinstimmend
und entgegen mancher Polemik Außenstehender, daß er im Weinhaus »nicht trank aus Wohlgeschmack, bis er lallt und schläft«. Im
Gegenteil:

*Er trank, um sich zu montieren; dazu gehörte anfangs, wie er noch*
*kräftig war, weniger; später natürlich mehr – aber war er einmal mon-*
*tiert, wie er es nannte, in exotischer Stimmung, die, oft bei einer halben*
*Flasche Wein, auch nur ein gemütlicher Zuhörer hervorrufen konnte,*
*so gab es nichts Interessanteres als das Feuerwerk von Witz und Glut*
*der Fantasie, das er dann unaufhaltsam, oft fünf, sechs Stunden hinter-*
*einander vor der entzückten Umgebung aufsteigen ließ. War aber auch*
*seine Stimmung nicht exaltiert, so war er im Weinhaus nie müßig, wie*
*man so viele sieht, die nichts tun als nippen und gähnen; er schaute*
*vielmehr mit seinen Falkenaugen überall umher; was er an Lächerlich-*
*keiten, Auffallenheiten, selbst an rührenden Eigenheiten bei den Wein-*
*gästen bemerkte, wurde ihm zur Studie für seine Werke oder er warf es*
*mit fertiger Feder auf das Papier.*

Hitzig, der dies berichtet, hat auch zur Charakteristik Hoffmanns
beigetragen, daß

*ihm denn wirklich die Rede zu allen Zeiten am besten floß, wenn er*
*durch Wein aufgeregt war. Ein schmutziger Säufer ist er nie gewesen,*
*was auch die Verleumdung darüber verbreitet haben mag.*

Was schon vorab in diesem Buch für alle Dichter und Künstler gesagt wurde, hat Gabrielle Wittkop-Ménardeau in der Darstellung
von Hoffmanns Leben speziell für ihn formuliert:

*Es wäre ein törichter Irrtum, wollte man auch nur einen Augenblick*
*annehmen, er sei durch den Trunk zum Dichter geworden. Der Alkohol*
*schreibt nicht für ihn, sondern schreibt in ihm und spielt gewisserma-*
*ßen die Rolle des Mikroskops, das vorhandene, bisher nur nicht sicht-*
*bare Dinge erkennen läßt.*

Mit anderen Worten, aber gleichsinnig hat Ricarda Huch dies in
»Die Romantik« ausgedrückt:

*Der exotischen Stimmung, in der die Sehergabe erwachte, war Hoff-*

*mann nicht in jedem Augenblick mächtig, sie hervorzurufen oder zu steigern diente ihm der Weingenuß.*

Nichts fürchtete er mehr als Mattigkeit der Seele und Unproduktivität. Er brauchte die Geister des Weines, um Eingang zu finden in die Welt der Gespenster und Visionen. Die Weinstube war ihm auch deshalb der rechte Ort, weil – wie er verlauten ließ – die Gesellschaft dort vor allen übrigen den Vorzug habe, daß man weggehen könne, wenn sie einem nicht gefiel, ohne daß der Wirt dies übelnehme. Geriet er aber in einen gesellschaftlichen Zirkel, dann fand er gleichwohl irgend etwas, um sich schadlos zu halten (als Beispiel nannte er: »dumme Männer und häßliche Frauen, aber ausgesuchter Wein«).

So meint denn auch Bartels in seiner »Geschichte der deutschen Literatur«, es habe »mit dem wüsten Leben des Warschauer Regierungsrates, des Bamberger und Dresdener Musikdirektors und des Berliner Kammergerichtsrates nicht soviel auf sich, wie man gewöhnlich behauptet«. Erst in der letzten Lebensperiode ließ Hoffmann zugunsten eines gesteigerten Weinkonsums manchen Lieblingsplan unausgeführt, um sich leichterem Erwerb zuzuwenden. Mit dieser zeitlichen Eingrenzung gilt wohl das Urteil Eichendorffs, der in den »Heymonskindern« selbst dem Wein als dem Mäzen aller Künste huldigte: »Er trieb zuletzt die Kunst, mit Hintansetzung seiner tieferen Intentionen, nur noch als Broterwerb für die Weinkosten; er schrieb nur, um zu trinken, und trank, um zu schreiben.«

Ein Genie hatte das rechte Maß verloren. Daß solche Gefahr stets vorhanden ist, hatte Hoffmann gewußt, wenn er Kreisler, sein alter ego, sagen läßt:

*Doch überlasse ich jedem seine individuelle Meinung und finde nur nötig für mich selbst im Stillen zu bemerken, daß der Geist, der von Licht und unterirdischem Feuer geboren, so keck den Menschen beherrscht, gar gefährlich ist, und man seiner Freundlichkeit nicht trauen darf, da er schnell die Miene ändert und statt des wohltuenden behaglichen Freundes zum furchtbaren Tyrannen wird.*

Wein und Maß: die Gefahr, in Abhängigkeit zu geraten, ist beim Wein – die Erfahrung auch der Suchtforschung zeigt es – äußerst gering, ausgeschlossen aber nie. Hoffmanns Nachlaß war überschuldet, seine Witwe schlug daher die Erbschaft aus. Hauptgläubiger waren die Inhaber der Weinstube Lutter & Wegener. Sie verzichteten aber großmütig auf Zahlung, da der Dichter im Laufe der Jahre zahlreiche Gäste in ihr Lokal gezogen hatte, weshalb der Schaden »mehr als gutgemacht« sei.

Gleichwohl bleibt die positive, die Entstehung vieler Werke E. T. A. Hoffmanns vorbereitende und begleitende Rolle des Weines in seinem Leben. Er läßt uns zudem über seine Einstellung zur Kunst des Weingenießens und zum Trinkenden selbst nicht im unklaren. Seine Gedanken erzählt er, ob der Welt resignierend, dem »Kater Murr«:

*Wäre es möglich, daß Du mich ganz verstündest so würde ich Dir raten, immer still, freundlich zu sein und alles, was Du beginnen magst, ohne alles Geräusch zu vollbringen; denn auf diese Weise erhält man sich den guten Ruf am besten. Ja, ich würde Dir als Beispiel zwei Leute zeigen von denen der eine jeden Tag für sich allein im Winkel sitzt und so lange eine Flasche nach der anderen trinkt, bis er in völlig trunkenen Zustand gerät, den er aber vermöge langer praktischer Übung so gut zu verbergen weiß, daß ihn niemand ahnt.*

*Der andere trinkt dagegen nur dann und wann in Gesellschaft fröhlicher, gemütlicher Freunde ein Glas Wein. Das Getränk macht ihm Herz und Zunge frei; er spricht, indem seine Laune steigt, wird eifrig, doch ohne Sitte und Anstand zu verletzen, und eben nennt ihn die Welt einen leidenschaftlichen Weintrinker, während jener geheime Trunkenbold für einen stillen, mäßigen Mann gilt.*

*Ach, mein guter Kater Murr, kenntest Du den Lauf der Welt, so würdest Du einsehen, daß ein Philister, der stets die Fühlhörner einzieht, es am besten hat.*

# Franz Schubert
## (1797–1828)

Schubert und der Wein – mancherlei ist über dieses Thema von Zeitgenossen vermerkt, von Mißgünstigen gelästert worden.

Im Gasthaus »Zur Ungarischen Krone« in der Himmelpfortgasse, in der inneren Stadt gelegen und von dem Komponisten besonders gern aufgesucht, traf sich in den Jahren 1819–1826 sein Freundeskreis. Die Gasthäuser »Schwarze Katze« in der Anngasse und die »Schnecke« am Peter waren weitere Orte abendlicher Begegnung beim Wein.

Entspannung, Ungebundenheit unter Gleichgesinnten nach einem Arbeitstag, der damit begann, daß Schubert ab neun Uhr komponierte und den Vormittag über nicht ansprechbar war. Am Abend aber brauchte er Geselligkeit, Gemütlichkeit und fand »Heiterkeit trotz Melancholie«, wie es seine Biographen charakterisierten.

Paumgartner schreibt in seinem Schubert-Buch:

*Daß Schubert gern ein gutes Glas Wein oder Punsch trank, manchesmal sogar in jene frohe dionysische Verwirrung geriet, die man in Wien wohlwollend einen »Schwips« nennt, gehört zur sinnenfreudigen, anakreontischen Seite seines Bildes, der so viel Dunkles, Melancholisches gegenüber steht.*

Die Scheu seiner einsamen Seele verbarg er oft mit Brummigkeit oder einem Räuschchen, und in Gesellschaften ließ er sich gern heimlich ein »Glaserl Wein« bringen, da ihm alles Getue und Geschwätz der Mittelmäßigkeit verhaßt war.

Den roséfarbigen Schilcher, aus in der Weststeiermark geernteten Trauben der Sorte »Blauer Wildbacher« bereitet, zog Schubert dem in Nußdorf, Grinzing und Sievering getrunkenen Heurigen noch vor.

Eine »Impression« von solchem Beisammensein vermittelt die Zeichnung des romantischen Malers Moritz von Schwind aus dem Jahre 1862. Sie stammt aus der sogenannten »Lachnerrolle«, einer dreizehn Meter langen Bildgeschichte, die humorvoll das Leben

*Schubert beim Wein in Grinzing*

des Hofkapellmeisters erzählt. Schwind hatte sie zum 25jährigen Dienstjubiläum seines Freundes Franz Lachner gestaltet. Auf der Zeichnung sehen wir außer diesem Schubert und Bauernfeld in Grinzing beim Wein sitzend und einander zuprostend, die Kirchturmuhr im Hintergrund zeigt auf zehn vor sieben.

Schuberts Freunde berichten, er habe zwar hin und wieder das oft betont »vernünftige Maß« überschritten, betrunken aber sei er nie gewesen, nur eben öfters »leicht beschwipst«. Das trug ihm denn auch den Spitznamen »Schwammerl« ein, abgeleitet von »Schwamma«, dem österreichischen Wort für eine leichte Form des Rausches. Im Freundeskreis wurde dieser Beiname harmlos-neckend gebraucht. Solche aus der schreibenden Zunft, die es nicht gut mit ihm meinten, nahmen ihn zum Anlaß respektlos-hämischer Kritik.

Die ihn besser kannten, sagen aus, ein zu kindlichen Späßen neigendes Gemüt habe sich in diesem Zustand offenbart, eingesponnen in die Atmosphäre, die der Wein und die Freunde um ihn herum schufen. Hier wurden Stimmungen, musikalische Empfindungen geweckt, die wohl nicht selten anderen Tages in Töne verwandelt werden konnten.

Im März 1824 notierte Schubert in seinem Tagebuch:

»O Phantasie! Du höchstes Kleinod des Menschen. Du unerschöpflicher Quell, aus dem sowohl Künstler als Gelehrte trinken.«

Und obschon die These vom Dichter oder Künstler, der Wein trinkend Werke nicht nur ersinnt, sondern vollendet, zumindest nicht allgemeingültig aufgestellt sei, so ist doch lesenswert, was Anselm Hüttenbrenner in seinen Erinnerungen notierte:

*Eines abends lud ich Schubert zu mir, da ich aus einem angesehenen Hause etliche Bouteillen roten Wein als Präsent für mehrmaliges Akkompagnieren erhielt. Nachdem wir den edlen Sexarder\* bis auf den letzten Tropfen geleert hatten, setzte er sich an mein Pult und komponierte das wunderliebliche Lied »Die Forelle«.*

---

\* Bei dem zitierten *Sexarder* handelt es sich um die phonetische Wiedergabe des Namens der ungarischen Weinbaugemeinde Szekszárd, auf deren Lößböden Kadarka-Rotwein wächst.

*Franz Schubert. Trinklied für vier Männerstimmen*

Daß Schubert auch ein »Trinklied aus dem 16. Jahrhundert« für vier Männerstimmen schrieb, ist wenig bekannt. Schubert habe das Quartett für einen Verehrer seiner Lieder komponiert, den Kaufmann Ferdinand Traweger in Gmunden (Oberösterreich), dessen Gast er im Sommer 1825 war und der »ein prächtiges Pianoforte« besaß.

In dem eigenhändig verfaßten Musikmanuskript, von dem hier der Anfang wiedergegeben ist, stehen oben jeweils der lateinische Text des Liedes (»Edit Nonna, edit Clerus ...«), darunter in anderer Handschrift die beiden Übersetzungen: »Auf, ihr Freunde, auf, und trinket ...« sowie »Seht, der Mönch trinkt mit der Nonne ...«.

Wegen seines lebhaft klösterliche Zecherei (»auf des Königs und des Papstes Wohlergehen«) schildernden Textes wurde die Erstausgabe des Trinkliedes von der Zensur beanstandet und konnte erst nach der Revolution von 1848 erscheinen.

78

# Heinrich Heine
## (1797–1856)

Der Lyriker und zugleich satirische Kritiker hatte wein- und sin-
nenfreudige Vorfahren. Von seinem Onkel, dem Arzt Simon von
Geldern, berichtet er, daß dieser dem Wein in der Weinstube des
Wirtes Rasin in Düsseldorf und kulinarischen Genüssen sehr zugetan
gewesen sei. Er übte nicht nur großen Einfluß auf die geistige Ent-
wicklung seines Neffen aus, sondern lehrte ihn auch, was für den
Umgang mit Wein nötig war. Weinfreudig war auch Heines Vater,
heiter und leichtlebig.

Als Heine 1821 an der Universität Berlin Rechtswissenschaften
studierte, wohnte er in der Behrenstraße 71. Nicht weit davon befand sich die berühmte Weinhandlung von Lutter und Wegener in
der Charlottenstraße, die Treffpunkt von Schauspielern und Literaten
war. E. T. A. Hoffmann, in dessen »Weinbiographie« wir dieses
Lokal schon erwähnt haben, kam damals nur noch selten, er war
bereits sehr krank. Von Heine schreibt Kohut: »Beim Glase edlen
Rhein- oder Moselweins wurde sein Geist immer feuriger, seine
Zunge immer beredter, und Funken des Esprits, des Witzes und der
drolligsten Einfälle sprühten aus seinem Kelchglase« – Wein und
Kreativität!

Auch quantitativ entwickelte Heinrich Heine eine gewisse Fer-
tigkeit. In den »Reisebildern« berichtet er selbst von der Harzreise,
daß er von den dämonischen Geistern, die aus der Weinflasche em-
porsteigen, nicht benebelt wurde: »Ich kann viel vertragen; die Be-
scheidenheit erlaubt mir nicht, die Bouteillenzahl zu nennen, und
ziemlich gut konditioniert gelangte ich nach meinem Schlafzim-
mer.« Gut konditioniert – welch eine sprachlich elegante Umschrei-
bung eines bekannten Zustandes...

*Ja, ja, der Wein, das ist mein Element,*
*in seinen goldighellen Liebesfluten*
*Will ich gesund die kranke Seele baden.*

Diese Zeilen aus Heines Tragödie »Almansor« darf man ruhig
ebenso als persönliches Bekenntnis werten wie seine im »Roman-

zero« geäußerte Hoffnung: »Weinpokale wird es droben in viel weit'rem Umfang geben . . .«

Der Rheinländer Heine war mit dem Rheinwein aufgewachsen. Seine Trinkfestigkeit führt er schon bei dem erwähnten Bericht von der Harzreise auf seine Herkunft zurück. Und im Buch »Le Grand« kündigt er an, daß er sich für sein erwartetes Honorar »ein gutes Faß Rüdesheimer« kaufen wolle. Aber er weiß auch die Kreszenzen anderer Weinorte zu schätzen und vermerkt so im selben Buch (auch als Inschrift auf dem Boden des »Heinrich Heine-Fasses« – Nr. 141 – im Weinkeller von Schloß Johannisberg nachzulesen):

*Mon Dieu! Wenn ich doch soviel Glauben in mir hätte, daß ich Berge versetzen könnte – der Johannisberg wäre just derjenige Beg, den ich mir überall nachkommen ließe!*

Diese besondere Zuneigung bringt Heine auch im »Zueignungsbrief an Seine Durchlaucht, den Fürsten Pückler-Muskau«, enthalten in »Lutetia«, zum Ausdruck. Dabei spricht er den Fürsten Metternich an, der den ehemaligen Klosterbesitz im Jahre 1816 wegen seiner Verdienste um den europäischen Frieden von Kaiser Franz I. von Österreich geschenkt erhielt:

*Ich habe den Wein, der dort wächst, immer für den besten gehalten, und für einen gar klugen Vogel hielt ich immer den Herrn des Johannisberg; aber mein Respekt hat sich noch vermehrt seitdem ich weiß, in welchem hohen Grade er meine Gedichte liebt.*

In »Deutschland – Ein Wintermärchen« preist der Dichter den Wein als Sorgenlöser und Friedensstifter (Cap. XXIII):

*Der Rheinwein stimmt mich immer weich*
*Und löst jedwedes Zerwürfnis*
*In meiner Brust, entzündet darin*
*Der Menschenliebe Bedürfnis.*

Die Federzeichnung von Carlo Schellemann illustriert diese Verse. In den ausgeschiedenen Strophen des »Wintermärchens« findet sich sogar dieses markante Bekenntnis:

*Was ist der Mensch? Ein hohler Begriff.*
*Nur eine abstrakte Hülle,*
*Konkreten Inhalt gibt ihm erst*
*Des Rheinweins edle Fülle.*

Im Ratskeller zu Bremen, wo Heine im Sommer 1836 auf der

80

*Heinrich Heine und sein Verleger Julius Campe in weinfröhlicher Runde*

Rückreise von Norderney nach Hamburg einkehrte, schrieb er eines der empfindsamsten Weingedichte der Literatur, betitelt »Im Hafen«. Der Hafen – das ist Geborgenheit und Beschaulichkeit, Entspannung und Besinnung beim Wein (»Wie doch die Welt so traulich und lieblich im Römerglas sich widerspiegelt«).

Zuletzt beschreibt er darin jenen Zustand, aus dem Phantasie und gute Gedanken kommen, die später in Prosa oder Poesie einfließen, und von dem Erich Maria Remarque in »Drei Kameraden« später sagte (1937): »Die Nacht war voll tiefer Kraft und voll Glanz, nichts konnte mehr geschehen, nichts war mehr falsch«. Bei Heine liest sich das so:

*Auch meine unsterbliche Seele taumelt,*
*Und ich taumle mit ihr, und taumelnd*
*Bringt mich die Treppe hinauf, ans Tageslicht,*
*Der brave Ratskellermeister von Bremen!*
*Siehst du, auf den Dächern der Häuser sitzen*
*Die Engel und sind betrunken und singen;*
*Die glühende Sonne dort oben*
*Ist nur eine rote, betrunkene Nase,*
*Die Nase des Weltgeists;*
*Und um die rote Weltgeistnase*
*Dreht sich die ganze betrunkene Welt.*

*(Siehe auch die Illustration zu Cap. IV des »Wintermärchens« auf S. 157.)*

# Friedrich Hebbel
## (1813–1863)

Auch wenn man in Holstein geboren ist, kann man ein »freundschaftliches Verhältnis« zum Wein entwickeln. Hebbel, der Gestalter dramatischer bürgerlicher und heroischer Stoffe (»Agnes Bernauer«, »Judith«), kam im Jahre 1846 nach Wien, wo er fortan lebte. Die Altwiener Gemütlichkeit, die so viele Komponisten und Dichter schon umfangen hatte, wurde schließlich auch Hebbel vertraut.

»Kommt heute, wir haben einen Guldenwein« – so habe er oft die Freunde eingeladen zur alten Wiener Maß, die zu diesem Preis ausgeschänkt wurde. Paula Frankl berichtet es in einem Brief an ihren Gatten.

Aber schon zuvor hatte Hebbel sich, möglicherweise mehr intellektuell-abstrakt, mit dem Wesen der Trunkenheit befaßt. Das hübsch, wenn auch etwas »trocken« formulierte Resultat vertraute er am 31. Januar 1844 in Paris seinem Tagebuch an:

*Die Trunkenheit, die daraus entsteht, daß der Natur-Geist, dessen edelste Verkörperung der Wein ist, in den Menschen eingelassen, den Menschen-Geist überwältigt, und, wie er den Menschen physisch aus Takt und Maß heraus reißt und ihm den Schwerpunkt so wie die Zeugungskraft raubt, ihn auch geistig auflöst, so daß seine Ideen keinen Zusammenhang mehr haben und sein Bewußtsein erlischt, ist eine der allerwichtigsten Erscheinungen und noch lange nicht genug gewürdigt, am wenigsten aber hinreichend erklärt.*

*Anfangs wird der Menschen-Geist durch den Natur-Geist gesteigert, das scheint auf Verwandtschaft und Einheit zu deuten, nachher aber überwältigt, im eigentlichsten Verstande überflutet, das deutet doch auf Feindschaft und Zusammenhangslosigkeit.*

Der Wein als edelste Verkörperung des Naturgeistes – wie könnte man ihm mehr Hochachtung entgegenbringen? Daß aber jegliches Zuviel (Beethoven mag dies als Student erfahren haben) den Geist zerstört ist, unbestreitbar.

Weinkultur ist die Fähigkeit, maßvoll mit dem Wein zu leben, von ihm eine optimale Steigerung der Lebensqualität zu empfangen. Diesen Umgang mit dem Wein hat Hebbel in Wien wohl erlernt. Am 1. Januar 1851 vermerkt er im Tagebuch:

> *Sich berauscht fühlen bei dem bloßen Gedanken daran, daß es Wein gibt.*

Poetischer ist die Vorfreude auf ein gutes Glas Wein kaum auszudrücken – Verliebtheit in das göttliche Getränk!

Daß das Verhältnis zum Wein nicht nur eine Gaumen-, sondern auch eine Herzenssache ist, jedenfalls für die Deutschen, vermerkt Hebbel am 26. November 1862, vielleicht ein wenig ironisch:

> *Der Franzos ist glücklich, wenn er seinen Witz auf der Zungenspitze tanzen lassen kann; das geht allenfalls auch bei einem Glase Wasser. Der Deutsche will sein Herz erschließen; dazu gehört Wein.*

Wie bei Beethoven und bei Goethe berichten auch seine Biographen, daß die letzten Stunden noch von dem Wunsch nach Wein begleitet waren. Als ihn sein Hausarzt Dr. Schulz fragte, ob er nicht Lust habe, ein Gläschen Wein zu trinken, habe Hebbel, zufrieden lächelnd, gefragt: »Darf ich das?«, und am nächsten Morgen innig für die Fürsorge gedankt, welche seinen sehnlichen Wunsch, den er nicht auszusprechen wagte, erraten hatte – so wird es wörtlich bezeugt.

# Richard Wagner
## (1813–1883)

Wein wird in Wagners Opern zwar selten, und wenn, dann meist als »gewürzter Liebestrank« oder »betäubender Schlaftrunk« erwähnt, wobei auch Zaubermittel zugesetzt wurden (so in den »Nibelungen« oder in »Tristan und Isolde«). Im »Fliegenden Holländer« freilich fordern die Matrosen »Steuermann her! Trink mit uns!«, wird von den Mädchen der Mannschaft frischer Wein angeboten, und im »Parsifal« wird beim Liebesmahl der Gralsbrüderschaft Wein ausgeteilt – in »Lohengrin« und »Tannhäuser« fehlt er.

Indessen trank Richard Wagner sehr gerne Wein. Im Jahre 1862 trennte er sich von seiner Frau und begann in Biebrich bei Wiesbaden mit der Komposition der »Meistersinger«. Damals mußte er wegen Raummangels seine Kisten und Kasten in einem Kelterhaus unterbringen, das der Wirt vom »Europäischen Hof« in der Nähe zur Verfügung gestellt hatte. Was dort geschah, hat ein Mann in seinen Erinnerungen berichtet, auf den wir später noch zurückkommen werden: Wendelin Weißheimer (geboren 1838 in Osthofen/Rheinhessen, gestorben 1910 in Nürnberg), musikalischer Schüler von Franz Liszt, Kapellmeister, Opernkomponist und mit Wagner mehrfach zusammentreffend, dessen »Tannhäuser« er im Alter von 13 Jahren in Darmstadt gehört und damals beschlossen hatte, Musiker zu werden. Richard Wagner war beim Stapeln des Gepäcks unwillig geworden:

*Unglücklicherweise kam ihm, als er sich schon in eine merkliche Wut hineingearbeitet hatte, sein eignes, schönes und sehr ähnliches Gipsmedaillon in die Hand, welches er gerade unwillig fortschleudern wollte, als ich rettend dazwischenfuhr und es auf die Kelter lehnte. Während nun Wagner eifrig nach einigen Büchern suchte, die er durchaus nötig hatte, kam ein Mann ins Kelterhaus, auf den die hier sich abspielende Scene sichtlich Eindruck machte. Verwundert blieb er stehen, und als ihm auf der Kelter das Medaillon ins Auge fiel, ging er hin, es sich zu besehen. Er nahm es, hielt es gegen das Licht und las die unter dem Kopf hinlaufenden Worte: Richard Wagner. Offenbar hatte dieser*

*Mann von Wagners Anwesenheit in Biebrich noch keine Ahnung,*
*denn er sagte mir: »Ich gäbe was darum, wenn ich den Wagner einmal*
*in Wirklichkeit sehen könnte.« Darauf versetzte ich: »Was würden Sie*
*denn dafür geben?« Er: »Von meinem besten Johannisberger, den ich*
*hier in meinem Keller habe.« Ich: »So! Ihnen kann geholfen werden!«*
*Dann wendete ich mich nach dem eifrig Suchenden, der gerade in einer*
*großen Kiste fast verschwunden war, mit den Worten: »Herr Wagner,*
*hier ist ein Verehrer, der Sie leibhaftig sehen will und Sie dafür mit sei-*
*nem besten Johannisberger erquicken wird.« Wagner streckte seinen*
*Kopf heraus. Der Kellerbesitzer, sein Gesicht sehend, schnell einen prü-*
*fenden Blick auf das Medaillon werfend und in die Worte ausbrechend:*
*»Wahrhaftig, er ist's!« lief eilig davon, den Kellerschlüssel zu holen. Im*
*Nu war er wieder da, schloß auf und brachte die vorzüglichsten Proben*
*zum Vorschein, sagend: »Welcher Ihnen, meine Herren, am besten*
*schmeckt, von dem trinken wir, wenn es Ihnen recht ist, so lange fort,*
*bis wir nicht mehr 'grad' zum Kelterhaus hinaus können.« Wagner,*
*dem diese würzige Unterbrechung des peinlichen Suchens nicht unan-*
*genehm erschien, setzte prüfend die Gläser an, ließ sie weiter wandern, und*
*bald hatten wir den »Allerbesten« herausgefunden. Von diesem holte*
*der freundliche Mann Flasche auf Flasche, ein gedeckter Tisch mit*
*Wurst und Schinken wurde hereingetragen, und vergessen war dann*
*alle Mühsal. Wer niemals echten Johannisberger zu trinken das Glück*
*hatte, kann sich von der Herrlichkeit und dem Werte dieses Weines*
*kaum eine Vorstellung machen und somit auch nicht ermessen, wie ge-*
*nerös diese Einladung in der That gewesen ist. Vergnügt rieb sich bei*
*unserm Wohlbehagen der gemütliche Rheinländer die Hände und rief*
*ein über das andre Mal Wagner zu: »Ich kann's gar net sage, wie ich*
*mich freu', den Mann leibhaftig vor mir zu sehe, der den 'Tannhäuser'*
*und den 'Lohengrin' geschriwwe!« Man kann sich denken, wie durch*
*solche Reden und solchen Wein die Stimmung warm und wärmer*
*wurde. Lange ging es so fort: Am Abend schwankten drei Gestalten*
*zum Kelterhaus hinaus.*

Soweit dieser »Augenzeugenbericht« von einer heiteren, weinfrohen Episode, die zum äußeren Erscheinungsbild des eigenwil-
lig-selbstbewußten großen Künstlers mit Barett, wie ihn Lenbach
gemalt hat, gar nicht zu passen scheint.

Wendelin Weißheimer war schon dabeigewesen, als Wagner am

*Brief Wagners vom 1. Juni 1867 an die Weinhandlung Lauteren in Leipzig*

3. Dezember 1861 im Hause Schott am Weihergarten 5 in Mainz den Prosaentwurf der »Meistersinger« vorgetragen hatte, desgleichen am 5. Februar 1862 bei der vollständigen Lesung (»der gutmütige, ein wenig naive Sohn des Steinmüllers aus dem hessischen Osthofen«, schreibt der Biograph Gregor-Dellin). Bevor es nach weiteren Begegnungen im Jahre 1868 zum Bruch zwischen beiden kam, nachdem Weißheimer zur Generalprobe angereist war, Wagner sich aber für seine Werke an der Münchner Hofoper nicht wunschgemäß einsetzte, kam es zu einer familiären Einladung in die »Steinmühle« zu Osthofen, aus der Weißheimer, nunmehr Musikdirektor am Theater in Mainz, stammte.

Dies war am 1. Juni 1862. Weißheimer berichtet hiervon:

*Gegen Abend kamen noch mein Vater und mein Bruder Julius vom Felde nach Haus und waren nicht wenig überrascht, einen solch illustren Gast anwesend zu finden und begrüßen zu dürfen. Es wurde dann in den Garten gegangen und im Gartenhäuschen über dem Bach Platz genommen. Der Osthofener Wein tat auch hier seine Schuldigkeit; Wagner entfaltete eine wunderbare Beredsamkeit, der alle staunend lauschten.*

Bei einer weiteren Einladung hatte man in der Steinmühle eine festliche Tafel gedeckt, und so saßen, im oberen Saal, die Gäste, darunter auch das Ehepaar von Bülow, mit zahlreichen Familienangehörigen, nach rheinhessischer Art beieinander. Wagner brachte einen Toast auf die Steinmühle aus, die solche Gastfreundschaft übe und solch einen Sohn habe. Zum Abendessen kam man dort wieder zusammen, und damit Wagner, der im »grünen Stübchen« schlief, nicht in der Nachtruhe gestört werde, ließ der Steinmüller das Mühlrad abstellen.

Richard Wagner gibt in seinen Memoiren eine etwas abweichende Empfindung wieder, wenn er vermerkt: »Dort [in Osthofen, bei Weißheimer] wurden wir für eine Nacht einquartiert, nachdem man uns zu jeder Zeit des vorhergehenden Tages zum Genuss eines fortwährenden Bauernhochzeitmahles genötigt hatte. Cosima war die einzige, welche über die Vorgänge hierbei in gute Laune zu geraten vermochte, worin ich ihr nach besten Kräften beistand.«

Bald begann für den Komponisten eine Periode pekuniärer Schwierigkeiten, da sein Mainzer Verleger Schott nicht weiterzahlen wollte, bis die auf die »Meistersinger« erhaltenen Vorschüsse durch Manuskripte ausgeglichen seien. Wagner lieh sich allerorten Geld, vertröstete mit wohlgesetzten Worten seine Gläubiger (und verließ später, im Jahre 1864, Wien, um der Schuldhaft zu entgehen).

Dies allerdings hinderte Richard Wagner aber nicht, größere Weinbestellungen aufzugeben und auf die Geduld seiner Lieferanten zu hoffen, denen er liebenswürdige Briefe schrieb. Ein wohlerhaltener Schriftverkehr entwickelte sich so mit der Weingroßhandlung C. Lauteren & Sohn. Diese hatte ihren Gründungssitz in Mainz und in Leipzig ein Zweiggeschäft. Nach Leipzig sind seine Bestellungen adressiert, in Luzern, München und Starnberg verfaßt. Elf dieser Schreiben sind erhalten, der erste datiert vom 20. November 1864:

> ... bitte ich Sie zugleich, möglichst bald meinen Vorrat durch eine bedeutendere Sendung von halben Flaschen des Tischweines sowohl St. Julien als Erbacher, zu vermehren. Von jeder Gattung etwa 60 bis 100 Stück (Erbacher 60, St. Julien 100) würde meinem Bedarf für die Zeit des Aufgebrauchs des übrigen Vorrates entsprechen ...

Am 1. Juni 1867 wünscht Wagner je 150 Flaschen Bordeaux und Erbacher und dazu 50 halbe Flaschen Champagner an die Adresse des Kgl. Hofkapellmeisters Dr. Hans von Bülow in München. Am 17. Oktober 1869 bittet er um Zahlungsaufschub bis Ostern nächsten Jahres, um »noch eine kleine Geduld« dann in einem Brief vom 8. April 1870. Es heißt da:

> Es ist mir in Betreff der Einnahmen, auf welche ich hierfür zu rechnen hatte, nicht nach Wunsch gegangen (...). Doch verspreche ich Ihnen, daß die Verzögerung sich nicht über Ende Oktober d. J. hinausziehen soll.

Ungeachtet dieser Bitte um weitere Stunden wünscht Wagner im selben Brief

> eine Sendung Ihres Erbachers (...), der mir immer so gut bekam und seit länger gänzlich ausgegangen ist. Wollten Sie zu diesem ein kleines Fäßchen guten Marcobrunner fügen, so würde mir dies sehr willkommen sein.

Am 15. Oktober 1870 freilich, vor Ablauf der erwünschten Stundungsfrist, bittet er, unter Hinweis auf die Kriegsfolgen, um abermaligen Aufschub, erhält ihn tatsächlich wieder und dankt am 20. Februar 1871 (im letzten erhaltenen Brief dieser Art) aus Luzern, auch diesmal mit dem nahezu obligaten Nachsatz:

*Um unseren ferneren Verkehr außerdem aufrecht zu erhalten, wird es mir erwünscht sein, wenn Sie mir von dem öfters gebrauchten Erbacher abermals einen Ohm zuschicken wollten.*

(Ein Ohm waren damals 100–150 Liter, je nach Weinbaugebiet).

Richard Wagner verstand zu genießen – und zu leben, dem Ruf seines Namens beträchtlich vertrauend.

# Gottfried Keller
## (1819–1890)

Er hat den autobiographischen Roman »Der grüne Heinrich«, die Novelle »Die Leute von Seldwyla« und viele andere geschrieben, war Staatsschreiber in Zürich, seiner Heimatstadt, und sein Leben lang ein passionierter Freund des Weines. Seine Vorfahren waren über Generationen Kellermeister für den Weinzehnten von Glattfelden gewesen, und im »Oberen Bürgli«, einem von Reben umrankten, klassizistischen Haus, das der Weinbauernfamilie Landolt gehörte, vollendete er auch die »Züricher Novellen«.

Schon der junge Keller erwähnte den Wein in seinen dramatischen Spielen mit kindlichen Worten. So erfahren wir in »Fernando und Berta«, daß der Graf einen »recht guten Markgräfler im Keller führt«, und im »Tod Albrechts« lädt der Luxemburger die Fürsten und Ritter ein, sich beim frohen Mahle und perlenden Rheinwein zu erfreuen.

Aber lassen wir den Dichter selbst von einem Pfingstfest seiner Jugendzeit berichten (in »Der grüne Heinrich«):

*Unser Zechen bestand zwar mehr in einer bescheidenen Nachahmung der Alten und überwand den natürlichen Widerwillen gegen Unmäßigkeit nicht, der noch in jenem Lebensalter liegt, doch bot er hinlänglichen Spielraum für unsere kleinen Leidenschaften. Der Weinbau dieser Landschaft war bedeutender und edler als bei uns; daher hatten unsere jungen Nachbarn schon eine entschiedenere Färbung in ihrer Fröhlichkeit und vertrugen ein stärkeres Glas Wein als wir, so daß sie ihren Ruf vollkommen rechtfertigten. Da galt es nun, sich hervorzutun; ich gab mich diesem Bestreben ohne Rückhalt hin (...) Wir durchzogen Arm in Arm die Stadt und die Lustplätze vor derselben; das schöne Wetter, die Freude, der Wein regten mich auf und machten mich geschwätzig und ausgelassen, keck und gewandt; aus einem stillen und blöden Fernesteher war ich urplötzlich ein lauter Tonangeber geworden, der sich in übermütigen Bemerkungen und Erfindung von Schwänken erging und welchen die übrigen Wortführer, die sich bisher wenig aus mir gemacht, sogleich anerkannten und hätschelten.*

Das ist eine sehr einfühlsame Schilderung der ersten Begegnung eines jungen Menschen mit dem Wein, dessen freimachender, beschwingender und auch ein wenig zur Selbsterhöhung beitragender Kraft. Keller war damals 12 Jahre alt, und er erlebte dieses Pfingstfest in einer Stadt, wo man mit dem Wein umzugehen verstand, weil er dort wuchs.

Ermatinger, einer seiner Biographen, vermeldet aber ebenso für die späteren Lebensjahre, dem Dichter sei der Wein »ein treuer Gefährte in Freud und Leid« gewesen, er aber keinesfalls ein »Gewohnheitstrinker« im negativen Sinne, wie manche erfundene Legende und eine »üppig wuchernde Anekdotenliteratur« verbreiteten, die in Keller nur den Wirtshausgänger und grimmigen Grobian sah. Seine Ironie mag nicht jedermanns Sache gewesen sein, aber im übrigen galt, was Ermatinger beschreibt:

*Keller trank sein Glas in fröhlicher Gesellschaft, und sein Temperament riß ihn oft ins Zuviel. Oder er ließ sich von den Geistern des Wein beim einsamen Sinnen umgaukeln. Der gesellige Trunk mußte dem Junggesellen die Wohltat des eigenen Herdes ersetzen. Schließlich hinderte ihn auch seine körperliche Unbeweglichkeit oft am rechtzeitigen Aufstehen.*

Es war schon eine lebhafte Gesellschaft, die sich vor allem im »Zunfthaus zur Meisen« samstags zusammenfand, »in der hinteren Abteilung des langen, altertümlichen, dunkelvertäfelten Zunftsaales, in der Nähe eines hochgetürmten, bemalten Ofens (...). Ein gutes Nachtessen wurde aufgetragen nebst einem oder zwei Schoppen eines gesunden Landweins. Dann tat Keller die übliche Frage, ob man nunmehr zu einer 'Ehrenhalber', d. h., einer besseren Flasche, übergehe. Gewöhnlich war es ein Weißwein oder ein Schiller. Nachher setzte man einen roten drauf. An besonders guten Abenden spendete Gottfried Keller eine Flasche Sekt, nur vom feinsten französischen. Das andere Zeug konnte er nicht leiden« (so sein Biograph Baechthold, der hinzufügt: »Und was für ein Erzähler war Gottfried Keller auch hinter dem Wirtstisch! Im Vorbringen gemütlich-humoristischer Sachen einfach unvergleichlich«).

Im Gedicht vom »Champagner« zeichnete Keller selbst ein Genrebild solcher Abende und Nächte:

*Die großen Schweiger: Böcklin und Keller am Zürichsee beim Wein*

*Da saßen wir Polemiker,*
*es flog der Kork, wir tranken toll...*

Das freundschaftliche Verhältnis zu Baechthold (später Nachlaßverwalter) endete allerdings, als dieser im Januar 1885 seine ihm
den Haushalt versorgende Schwester Regula ausfragte. Keller warf
wütend mit Gläsern und tobte, Baechthold zähle ihm seine Räusche nach.

Besonders geschätzte Besucher pflegte er ebenfalls »auf die
Meise« zu führen, dort fand sein gesellschaftliches Leben statt. Paul
Heyse, Ernst von Wildenbruch, Johannes Brahms, Arnold Böcklin
und viele andere waren hier seine Gäste. Stöberte ihn freilich ein
Fremder, »gar ein literarischer Mensch« dort auf, reagierte er verärgert: Als ob er nur im Wirtshaus zu finden sei...

In der Weinrunde taute der sonst so schweigsame Dichter auf,
erzählte und plauderte zu aller Ergötzen. Es wurde meistens sehr
spät. Frey, ein anderer Biograph, berichtet:

*Die kleine Tafelrunde saß und wartete, bis er (K.) endlich ausgetrunken*
*haben und dann das Zeichen zum Aufbruch geben würde. War sein Glas*
*endlich leer und die Kellnerin kam herbei und fragte: »Herr Staatsschrei*
*ber, nehmen Sie noch eines?« so hob er die schweren Lider, streifte die Glä*
*ser der Genossen und brummte gewöhnlich: »Ja, die Herren nehmen ja*
*auch noch einen!« So rückte für die Trinkfähigsten und Seßhaftesten der*
*Zeiger so weit vor, daß sich oft dieser und jener drückte, bevor der allge*
*meine Abmarsch erfolgte.*

Auch seinen 60. Geburtstag feierte Keller in seinem »Stammlokal«.
An jenem 19. Juli 1879 war es nachmittags heiß, es wurde geziemend getrunken, und die jüngeren Festteilnehmer verabredeten,
sich am späten Abend erneut da zu treffen. Außer dem trinkfesten
Jubilar kam aber keiner mehr, sie waren müde.

Der Nachhauseweg Kellers führte ihn bisweilen noch mit dem
»harten Kern« in eine Kneipe »zum Abgewöhnen«. Einer von ihnen
– oft war es Böcklin – begleitete Keller, dem das Gehen schwerfiel, dann meistens nach Hause. War keiner mehr da, waren auch
mal die Nachtwächter behilflich (wovon manche Anekdote kündet).

Die »Weinfreundschaft« zwischen Gottfried Keller und Alfred
Böcklin ist auf einem Gemälde »verewigt«, das sie beide in einer

94

von Reben umkränzten Laube, hoch über dem Zürichsee, mit Weinkaraffe und mit Rotwein gefüllten Gläsern zeigt, sinnierend und gelassen dreinblickend (Abb. S. 93). Auch Böcklin, über dessen Verhältnis zum Wein an anderer Stelle dieses Buches nachzulesen ist, sei »ein großer Schweiger« gewesen (woher auch der Titel des Gemäldes rührt). Manche, wie der Böcklin-Kenner Holenweg, halten dies freilich für eine unausrottbare Mär und meinen, geschwiegen hätten Keller und Böcklin nur, wenn ungebetene Gäste sich zu ihnen setzten, die dann diesen falschen Eindruck weitergaben.

Gemalt hat dieses Bild Ernst Würtenberger, der zwischen 1900 und 1920 in Zürich ein gesuchter Porträtmaler war. Er hatte zwei Vorlagen: Porträtfotos von Franz Hanfstaengl, München, von 1884 (Böcklin) und eine Radierung von Karl Stauffer-Bern (Keller). Daraus fertigte er eine Art »Montage«. Allerdings war Würtenberger in Florenz ein Jahr lang Schüler von Böcklin gewesen, kannte ihn also (anders als Keller) von Angesicht, er hat auch weitere Böcklin-Portraits geschaffen. Das »Doppelgemälde« entstand im Jahre 1905. Die auf dem Bild dargestellte Weinlaube konnte nie lokalisiert werden, sie dürfte frei erfunden sein. Keller und Böcklin trafen sich fast täglich, jedoch nicht hoch über dem Zürichsee, sondern im »Pfauen« beim Wein (oder auch mal beim Bier).

Welch hohe Wertschätzung der Dichter dem Wein entgegengebrachte läßt auch ein Zitat aus der ersten Fassung des (autobiographischen) »Grünen Heinrich« erkennen. Es betrifft Brot und Wein des Abendmahles bei der Feier der Konfirmation:

*Heinrich hegte eine besondere Pietät gerade für die Begriffe Brot und Wein, das Brot schien ihm so sehr die ewig unveränderte unterste Grundlage aller Erden- und Menschheitsgeschichten, der Wein aber die edelste Gabe der geistdurchdrungenen lebenswarmen Natur zu sein, daß nichts ihn so geeignet dünkte zur Feier des gemeinsamen symbolischen Mahles der Liebe als edles weißes Weizenbrot und reiner goldener Wein.*

Daß Gottfried Keller nicht einfach der »trinkfeste Kneipenhocker« war, als der er manchen Zeitgenossen (und späteren Histörchen-Erfindern) galt, bestätigt auch der Westfale Peter Hille, der ihm im »Pfauen« begegnete (»ein paar schwere, mißtrauisch-träumerische Augen, verschanzt hinter prüfender Brille«) :

*Ehe ich Keller kannte, auf der Eisenbahnfahrt von Basel nach Zürich, wußte mir ein Landsmann von ihm (...) nichts anderes von ihm mitzuteilen als: »er süft«; das war Verleumdung: hinter zwei Vierteln saß der Dichter stundenlang, und wenn er sich berauschte, so war das nicht am Wohlgeschmack des Weins, sondern am Herzblut der Heimat. Und seit seine Schwester, die ihm den Haushalt führte, gestorben war, mochte es ihm gar einsam sein daheim.*

Beschließen wir aber die kurze „Weinbiographie" des Dichters mit der wahrhaft ergötzlichen Schilderung von seiner Verabschiedung als Staatsschreiber. Enthalten ist sie in einem Brief Kellers an Adolf Exner (Wien) vom 19. August 1876:

*»Mit meiner Demokraten-Regierung bin ich leidlich auseinandergekommen oder vielmehr lustig, was ich Ihnen glaub' noch nicht erzählt habe. Sie veranstalteten mir ein Abschiedsessen im Hotel Bellevue, an dem ausschliesslich die Mitglieder der Regierung und ich waren; und überreichten mir einen silbernen Becher. Die Sache begann um 6 Uhr nachmittags. Um 9 Uhr schien es mir einschlafen zu wollen, ich verfiel auf die verrückte Idee, ich müsse nun meinerseits etwas leisten und den Becher einweihen. Ich lief hinaus und machte ganz tolle Weinbestellungen in Bordeaux, Champagner u.s.f. in der Meinung, dieselben selbst zu bezahlen. Die Herren aber wussten, dass alles aus der Staatskasse bezahlt werden müsse, und um den Schaden wenigstens erträglich zu machen, fingen sie krampfhaft an mitzusaufen und soffen verzweifelt bis morgens um 5 Uhr, so dass wir am hellen Tage auseinandergehen mussten. Sieber wurde in einer Droschke nach Hause gebracht; ich wurde in einer Droschke nach dem Bürgli gefuhrwerkt: ich hatte drei Tage Kopfweh. Das Tollste ist, dass ich die Herren, je mehr wir soffen, um so reichlicher mit Offenherzigkeiten regaliert habe in diesem letzten Augenblick, mit meinen Ansichten über die Verdienstlichkeit ihres Regiments und dgl., was mich nachher geärgert hat, denn es war doch kommun undankbar. Sie machten jedoch geduldige Mienen dazu: ich glaube aber, sie gäben mir jetzt den Becher nicht mehr. Die bestellten Weine wollte ich am anderen Tage oder vielmehr am Nachmittage desselben Tages bezahlen; es wurde mir aber richtig nichts abgenommen. Alles wird sorgfältig verschwiegen; nur das Rechnungsbelege wird als stummer Zeuge in den Archiven liegen bleiben.«*

# Arnold Böcklin
## (1827–1901)

Der Schweizer Maler mythologischer Bildnisse hat auch Theman
wie die »Römische Weinschenke« oder den »Bacchustempel« dargestellt und sich auf seinem Züricher Selbstbildnis von 1885 mit einem
Weinglas in der Hand stolz gemalt.

Das geschah nicht zufällig, denn dem Wein war Böcklin vielfältig zugetan. Vom kräftigen Walliser über die Weine Italiens zu solchen aus Spanien reicht die Palette. Von einer Italienreise berichten
seine Biographen:

*Mit Entzücken hob er die antiken Krüge an seinen dürstenden Mund,
füllte sie wieder und wieder, bis er schließlich beim Heimweg den starken Wein in seinen Beinen spürte. Ehe der Rausch den harten Kopf des
trinkfesten Schweizers ergreift, hätte es einen Ozeans Traubensaft be-
durft.*

In Berlin erwies der Maler sich gleichermaßen als zechgewohnt.
Professor Dr. K. Müllenhoff erzählt von ihren Besuchen in Weinstuben Unter den Linden oder in der Berenstraße:

*Der lustige alte Herr (B.) zeigte sich dann von einer Unermüdlichkeit
und Trinkfestigkeit, daß nur wenige der Jüngeren neben ihm auszuhalten
vermochten.*

Böcklin wußte aber, bei aller Trinkfestigkeit, gute Tropfen sehr
wohl zu schätzen. Adolf Frey erinnert sich:

*Der Wein war ihm ein Sorgenlöser und Stimmungsbringer. Stieß er
irgendwo auf einen feinen Tropfen, so war er nicht leicht wegzubrin-
gen. Er bevorzugte durchaus die starken Sorten (. . .). Aus den längsten
Trinksitzungen und aus den bewegtesten Weinstürmen schritt er aufrecht wie ein Turm nach Hause. Denn der Wein erheiterte ihn wohl,
aber gewann nie die Herrschaft über ihn. Und am nächsten Morgen
trat er wieder vor die Staffelei, als wäre nichts geschehen und als hätte
er am verwichenen Abend an einem unschuldigen Wasserkrug ge-
schluckt. Die Kehrseite dieses Behagens an der Welt und ihren guten
Dingen war ein tiefer Ernst, der sein ganzes Wesen durchdrang und
sich zuweilen melancholisch verschattete.*

Eines der schönsten Bekenntnisse zum Thema dieses Buches, zur »Muse Wein«, zu »Wein und Kreativität«, stammt von Arnold Böcklin. Wir verdanken die Überlieferung Gustav Floerke, der den Maler 1881 in Florenz kennenlernte, wo sich zwischen beiden bald eine intime Bekanntschaft entwickelte. Sie führte zu Begegnungen, die zwischen Atelier und Weinstube (wie bei Rossi im Palazzo Strozzi) wechselte, sich 1885/86 in Zürich fortsetzte und schließlich in München endete. Aus den Jahren 1883–1889 stammen Floerkes Aufzeichnungen. Er notierte aus einem Gespräch mit Böcklin dessen Worte:

*Woheraus soll man heutzutage zum künstlerischen Schaffen angeregt werden? (…) Wodurch einmal heller sehen, freudiger, leichter sich aussprechen? Da bleibt nur der Wein. Der allein ist ein wirklicher Genuß, er erhebt uns erst zum Menschen. Nur der Wein hilft uns gegen das Leben, trotzdem schaffen, nur er schenkt einem noch manchmal Stunden, wo man den ganzen Kram vergißt und wunder glaubt, wer und wo man wäre.*

Auch in der Freundesrunde von Gottfried Keller, über den in diesem Buch gleichfalls berichtet wird, war Böcklin zuhause. Sie kannten einander seit 1885. Böcklin bewog den älteren Freund, um seine Gesundheit besorgt, zu Spaziergängen, die wegen Kellers Schwerfälligkeit freilich nicht weit führten, in gemächlichem Tempo abgeschritten wurden und fast ausnahmslos in einem Wirtshaus endeten. Auf einem »Doppelporträt« hat Ernst Würtenberger die Freunde beim Wein »verewigt« (Abb. Seite 93). Nach ausgedehnten Weinverkostungen brachte Böcklin Keller stützend in seine Wohnung zurück.

Eine lustige Episode aus den Tagebuchnotizen von Otto Lasius, die sich in Italien zutrug, beschließe die weinfreundliche Lebensskizze:

*Böcklin war von Richard Wagner eingeladen worden, auf dessen Landsitz zu kommen, ich glaube, vor Neapel war's. Es war sehr heiß und Böcklin sowieso schon ärgerlich, daß er zugesagt hatte. Es war ziemlich weit, und er schwitzte und hatte Hunger und greulichen Durst. Allzuviel Trockenheit vertrug er nicht. Wie er nun zu Wagner kam, mußte er in einem Vorraum warten und wurde die längste Zeit mit Musik regaliert. Man kann sich denken, in welche Laune er geriet.*

*Arnold Böcklin: Selbstbildnis mit Weinglas. 1885*

*Schließlich kam Wagner hinter den Kulissen hervor und fragte ihn, wie's ihm denn gefallen habe, und als Böcklin nur ein grimmiges Gesicht schnitt, soll jener gesagt haben: »Ach so, Sie verstehen ja nicht viel von Musik.« – »Ja, ebensoviel wie Sie von Malerei!« antwortete Böcklin, rannte wütend in eine Kneipe und löschte seinen Durst. Seit der Zeit war's aus mit der beiderseitigen Freundschaft.*

# Wilhelm Busch
## (1832–1908)

Der dichtende Zeichner und Weltweise war ein Freund des Weines. Von ihm stammt nicht nur die fast jedermann geläufige gereimte Feststellung

*Rotwein ist für alte Knaben*
*eine von den besten Gaben*

sondern manche Äußerung sehr persönlicher Art in den Versen seiner lustig-satirischen Bildgeschichten. Freilich ist es ein ganzer Lebensweg vom »Frühlingslied«, darin der Maienwein besungen und »in der Laube von Syringen« mit Freunden getrunken wird, bis zu den resignierend-verzichtenden Reimen dieser Art:

*Wohl ehedem, da trank des Weines*
*Auch ich mein Teil, und zwar kein kleines.*
*Nun aber muß ich mich bequemen,*
*Das Ding mehr objektiv zu nehmen,*
*Um, still verborgen hinterm Zaun,*
*Wenn andre trinken, zuzuschau'n.*

In einem seiner Trinklieder, in München entstanden, rühmt er die beflügelnde Wirkung des Weines:

*Und die Gedanken weilen*
*Und bleiben nicht am Ort,*
*Sie drängen und sie eilen*
*Und fliegen weiter fort.*

Und schon als Dreißigjähriger bekannte Busch in »Der Vetter auf Besuch«, einem Bühnenstück:

*Der Wein ist ein vortrefflich Ding,*
*Die Weiber achten's leider zu gering,*
*Und haben's nicht bedacht.*
*Er stärket den Mut,*
*Bewegt das Herz in frischer Glut.*

Von Punsch und Bowle ist auch die Rede, und daß Busch auch den Champagner mochte, erhellt die werbetextreife Doppelzeile, die fast ein geflügeltes Wort wurde:

*Wilhelm Busch in Mechtshausen. 1904*

*Wie lieb und luftig perlt die Blase*
*Der Witwe Klicko in dem Glase.*

(Veuve Clicquot-Pousardin ist der Name eines renommierten
Champagnerhauses in Reims)

In der Situation des trunkenen Silen, den Wilhelm Busch in der
Titelvignette zu »Die Haarbeutel« auf einem geduldigen Esel sitzend dargestellt hat, mag er selbst wohl zuweilen gewesen sein. An
derselben Stelle findet sich aber auch der nachdenklich-sinnierende
alte Herr mit dem Rotwein im Römer (Abb. S. 6), wozu es allda
heißt:

*Der Weise, welcher sitzt und denkt*
*Und tief sich in sich selbst versenkt,*
*Um in der Seele Dämmerschein*
*Sich an der Wahrheit zu erfreun,*
*Der leert bedenklich seine Flasche ...*

Daß der Wein nicht nur die Gedanken weitet, sondern auch ein gu-
ter Gesprächspartner sein kann, wußte Wilhelm Busch. In einem
Brief vom 4. Juli 1906 an seine Nichte Nanda Keller schreibt er:
»Während meiner Eisenbahnfahrt saß ich fast immer allein im
Wagen und unterhielt mich ganz traulich mit einer Flasche Ass-
manshäuser...«.

Auch in anderen seiner vielen Briefe wird der Wein erwähnt.
Vom 10. Dezember 1865 stammt ein solcher an Friedrich Warnecke:
»Ihr Brief traf mich, als ich eben in der Weinkneipe bei einer Flasche
Burgunder saß.« Oder aus dem Jahre 1874 an Erich Bachmann:
»Meine Zeit geht immer so gleichmäßig dahin. Morgens wird gear-
beitet, nachmittags bummle ich, trinke in der Dämmerung meine
Halbe Wein und lege mich frühzeitig aufs Ohr.«

Aus dem Jahre 1904 stammen zwei Fotos, die in Mechtshausen
entstanden. Prüfend und ganz in sich ruhend schaut Wilhelm
Busch unter dem breitkrempigen Hut hervor, in den Lodenumhang
gehüllt, auf dem Tisch vor sich eine Weinflasche mit für die dama-
lige Zeit typischem schmalem Etikett, davor ein wunderschönes
Glas, ein Rheinwein-Römer, halb gefüllt (geleert).

Man darf vermuten, daß Wein aus Deidesheim (Pfalz) im Glase
ist. Denn sein Verleger Otto Bassermann, den er 1854 während seines Studiums in München kennengelernt hatte, ließ ihm zuweilen

Wiedensahl 6 Aug. 1877

Mein lieber Otto! —

Hoffentlich ist Dir der Aufenthalt in dem lindbewaldeten Odenwald gut bekommen. — Der Geburtstag ist ja recht flott hinausgegangen. Die Rundschau wird ja wol den Rest hinausgeschafft haben. Aber ich sehe da recht keinen [illegible].

— Die [illegible] [illegible] ([illegible] und [illegible]) haben mich um meine Sachen für ihre Bibliothek angegangen. Soll ich Dir zuschicken, was ich habe, und willst Du ihnen aus Deinem Verlage [illegible] zuschlagen und Alles [illegible]?

— Der [illegible] ist mir ein werthes Erbstück — aber — nur noch 17 [illegible]. Ich denke, Du kommst mir, [illegible] [illegible], auch mal gegen Zahlung einen [illegible] besorgen. [illegible]. —

So Gott will, komme ich im Herbst, und freue mich darauf. —

Mit herzlichem Gruß

Dein Wilhelm.

*Wilhelm Busch. Selbstbildnis mit Weinglas*

Wein aus dem Weingut seines Bruders, Emil Bassermann-Jordan, nachmals Kgl. Bayer. Kommerzienrat und Landrat, zukommen. Für eine solche Sendung bedankte sich Wilhelm Busch am 6. August 1873:

*... – Der Deidesheimer ist mir ein wahres Labsal – aber – [ich besitze] nur noch 17 Flaschen. Ich denke, Du kannst mir, Deiner Noblesse unbeschadet, auch mal gegen Zahlung eine Partie besorgen. Nur bald. – So Gott will, komme ich im Herbst und freue mich drauf.*

Kurz vor seinem 75. Geburtstag hatte ihm Bassermann wieder Deidesheimer Wein geschickt, wofür sich Wilhelm Busch bedankte:

*Mein Deputat, das mir das Schicksal so reichlich zugemessen, hab ich ja längst getrunken. Um so mehr such ich, wenn's auch nur noch selten geschieht, das Gute zu schätzen, das ich überher kriege.*

Sein zwischen 1869 und 1872 entstandenes Selbstbildnis zeigt ihn mit einem Weinglas in der rechten Hand, spitzbübisch lächelnd – weinlaunig und zufrieden. Ein Weingenießer comme il faut...

# Johannes Brahms
## (1833–1897)

Der Komponist unternahm von Wien aus, wohin er im Jahre 1862 übergesiedelt war, viele Reisen, um seine eigenen Werke zu interpretieren. So kam er auch im Juni 1874 zum Niederrheinischen Musikfest in Köln, wo er sein »Triumphlied« dirigierte. Spätestens dort, wenn nicht zuvor durch Simrock, wurde er mit dem Rüdesheimer Weingutsbesitzer Rudolf von Beckerath bekannt. Er folgte dessen Einladung in das von Reben und Gartenanlagen umgebene Haus der kunstsinnigen Gastfamilie. Aus diesem Aufenthalt, bei dem eifrig musiziert wurde (Rudolf von B. spielte die Violine, seine Frau Laura Klavier), entstand eine lebenslange Freundschaft.

Bei seinen Aufenthalten in Rüdesheim waren die Weine des Hauses familiäre wie musische Begleiter. Beim Musizieren am Klavier habe Brahms den geigenden Hausherrn scherzhaft seinen »verehrten Mitarbeiter« genannt, und dieser habe ihn animiert, Violinsonaten zu komponieren, während er ihm eigenen Wein einschenkte und meinte: An dem Stock, der die G-Dur-Sonate getragen habe, müßten noch mehr vollsaftige, süße Trauben wachsen (so die Früchte des Rebstocks mit denen künstlerischen Schaffens symbolhaft gleichsetzend).

Bei vielen späteren Besuchen fanden im tiefen Keller Weinproben statt, und als Brahms im Jahre 1883 die Beckeraths in ihrer Wiesbadener Stadtwohnung besuchte – stets verbunden mit Ausflügen nach Rüdesheim –, schrieb er die Dritte Sinfonie F-Dur Opus 90, die »Wiesbadener Sinfonie« genannt.

In den Zwischenzeiten gedachte er immer wieder der weinfrohen Zeiten im Rheingau, wie aus seinen Briefen hervorgeht.

So schreibt Brahms am 21. März 1875 aus Wien, als er verspäteten Dank brieflich übermittelt:

*Auch sonst denke ich manchmal Ihrer Gegend (und Ihres Kellers).*

Oder am 8. Januar 1884 per Postkarte:

*Lieber Freund. Verzeihen Sie, wenn nächstens von Berlin (Simrock) ein großes Paquet an Sie ankommt. Es sind die Symphonie-Stimmen, die*

*ich Sie bitten möchte, angemessen aufzubewahren; also im Keller,*
*nächst dem besten Jahrgang, alle Tage ein mit dem besten Rheinwein*
*angefeuchtetes Tuch darum schlagen und was sich sonst für so trockene*
*Ware tun läßt!*

Weinfeuchtigkeit als Konservierungsmittel für Musiknoten!

Aus Thun schrieb Brahms am 14. Juli 1886 und schloß die Nachricht von seinem sommerlichen Aufenthaltsort:

*Mit herzlichen, stellenweise sehnsüchtigen Grüßen an Ihre Geige,*
*Ihre Weine, Ihre Kleinen und Ihre holde Gebieterin*
*Ihr sehr ergebener J. Brahms.*

Dieselbe »Sehnsucht« entnehmen wir einer Bitte an das Ehepaar von Beckerath in einem Brief vom 20. Juni 1887, wissend, daß diese zu der Zeit, da er an den Rhein kommen wollte, in Italien seien:

*Liebe Freunde, ich reise nächstens sehr ungern zum Kölner Fest und*
*freue mich nur (wenn sie mir gegönnt sind) auf Dinge wie Ihren Keller*
*und Ihre Geige, das Einschenken der Frau und das Einstimmen des*
*Mannes (...). Sagen Sie mir doch noch eine von beiden Adressen, wo in*
*Italien Sie sind und ob der Kellerschlüssel mitgenommen ist!*

Die freundschaftliche Vertrautheit zwischen dem Komponisten und seinen zeitweiligen Gastgebern, aber auch das freudige Verlangen nach gepflegter Weinatmosphäre könnte durch nichts besser bezeugt sein als durch diese lustige, gleichwohl ernst gemeinte Anfrage.

Im Juli 1887 war man wohl wieder vereint, denn Frau Beckerath berichtete zu dieser Zeit ihrem Sohn Willy:

*Meinen versäumten Sonntagsgruß hat Brahms auf dem Gewissen, da*
*wir Sonntags morgens auf den Niederwald fuhren, die beiden Spies mit*
*mir voraus, die Herren nachfolgend. Wir kamen dann so zeitig vor*
*Tisch zurück, daß wir noch eine Probe im Keller abhielten, die eine sehr lu-*
*stige Stimmung im Gefolge hatte (...).*

*Paps eigenes bestes Gewächs vom vorigen Jahr rief Sensation hervor*
*und eine solche Lebendigkeit, daß bei Tisch die Weingläser nebst Inhalt um-*
*stürzten und Brahms gleich das ganze Salzfaß darüber ausleerte!*
*Nachmittags wurde noch musiziert. Brahms wünschte, den letzten*
*Satz der ersten Violinsonate nochmals mit Papa zu spielen.*

Ein wahrhaft »stimmungsvolles« Bild, das da in Frau Lauras Brief vom Gleichklang aus Wein und Musik gezeichnet wird. Sie sandte

Brahms gelegentlich auch Wein nach Wien. Für eine solche Sendung bedankte er sich am 9. Januar 1894:

*Geehrte und liebe Donna Laura. Das Beste an Ihrer freundlichen Sendung ist doch, daß sie mir die Feder in die Hand gibt, um Sie endlich einmal wieder herzlich zu grüßen. Dann sage ich auch meinen allerschönsten Dank und melde, daß der Wein merkwürdig rechtzeitig kam, am Heiligen Dreikönigstag, wo der Fasching anfängt, und daß ich angemessen heute die erste Flasche trank – allein auf meinem Zimmer – da mögen Sie denn leicht glauben, daß ich mich herzlich nach Rüdesheim wünschte, um bei Ihnen und mit Ihnen mich seiner zu freuen. (…). Gar zu gerne säße beim heurigen Wein einmal in Ihrem lieben Kreise Ihr herzlich grüßender J. Brahms.*

*Peter Rosegger beim Wein*

# Peter Rosegger
## (1843–1918)

Der österreichische Volksdichter hat nicht nur »Die Schriften des Waldschulmeisters« und andere Erzählungen aus seiner steiermärkischen Heimat verfaßt. Er war auch von 1876 bis 1910 Leiter der Monatsschrift »Heimgarten«.

Darin hat er im Jahre 1909 seine Gedanken zum Umgang mit dem Wein, zu Maß und Unmaß niedergeschrieben und auch die guten Eingebungen erwähnt, die ihm eine kleine Flasche Wein täglich schenke.

Auszugsweise Zitate daraus werden gelegentlich, ohne Quellenhinweis, kopiert. Roseggers Beschreibung ist indessen in einer Zeit, die Weinfreunde vor den Gefahren des Alkoholismus meint warnen zu müssen, so aktuell wie eh und je und geradezu ein Lobpreis des Weines in Prosa. Sie sei darum ungekürzt erhalten.

*Ich lobe die Antialkoholbewegung und wirke für sie nach meiner Möglichkeit; der Alkoholismus richtet in unserem Volke grausige Verheerungen an und unsagbaren Ekel. Aber das sage ich offen: Ich könnte die tägliche kleine Flasche Tiroler nicht entbehren. Wenn sie mich bloß erfrischte, in behagliche Stimmung versetzte, die Welt rosiger erscheinen ließe, so wäre das etwa noch zu wenig Grund, ihr seit so vielen Jahren anzuhängen. Aber diese kleine Flasche mit dem roten, dünnen Inhalt macht mich besser, löst in mir edlere Empfindungen, vornehmere Gedanken und altruistischere Entschließungen aus, und mit solchem Glase Wein könnte ich vielleicht gerade so gut sein, als manche Leute mich dafür halten.*

*Ein Quentchen Alkohol im Blute verursacht bei mir eine schwungvollere höhere Lebensführung. Manch gutes Fürnehmen habe ich dabei gemacht, manch zuversichtlichen Plan ausgearbeitet, zu dem mir in der gewöhnlichen Stumpfheit Schwung und Mut gefehlt haben würde. Während dieser Zustand dauert, weiß und bedenke ich aber auch, daß er in wenigen Stunden wieder verflogen sein wird. Gegen diese kommende nüchterne Gefahr suche ich mich zu rüsten, nehme mir beim Glase Wein vor, den guten Eingaben desselben in Handel und Wan-*

*del treu zu bleiben, vielleicht mich gar durch ein Versprechen zu bin-*
*den, damit ich gezwungen sei, das jetzt Gewollte nachher auch aus-*
*zuführen.*

*Wenn andere klagen, daß Entschlüsse, die sie beim Glase Wein machen,*
*ihnen manchmal schlecht bekommen, so habe ich solches bei mir nie er-*
*fahren, außer es wäre ein übereilter Entschluß bei der zweiten Flasche*
*geschehen. In der ersten Flasche ist für mich noch Vernunft, nur sonni-*
*ger, uneigennütziger als sonst, und wenn ich solchen Zustand in mir*
*permanent halten könnte, so wäre ich ein herzensguter, hochgemuter*
*Mensch.*

*Wohlgemerkt, das ist die erste kleine Flasche. Vor der zweiten muß man*
*warnen. Die zerstört, was die erste baut und noch einiges dazu. Im be-*
*sten Falle ist sie ganz überflüssig, weil der Adel, der aus der ersten Fla-*
*sche kommt, in der zweiten nicht erhöht werden kann, und weil die*
*wohltätige Wirkung der ersten Flasche ohnehin über die Zeit der zwei-*
*ten hinausgeht. Wem aber die erste Flasche keine andere Inspiration*
*gibt, als sich die zweite zu bestellen, dem muß man mit allem Ernste*
*auch die erste mißraten.*

*Bismarck soll einmal gesagt haben, daß die französische Seele der deut-*
*schen um ein Glas Wein über sei, weshalb der Deutsche sich dieses Glas*
*nachfüllen müsse, was der Franzose nicht nötig habe. – Warum der*
*Deutsche außerdem auch noch das viele Bier nachschüttet?*

# Gerhart Hauptmann
## (1862–1946)

Der schlesische Dramatiker (»Vor Sonnenaufgang«, »Die Weber«) und Erzähler liebte den Wein, In seinen Romanen und Theaterstücken wird er mehrfach erwähnt. Die Antike verstand er in seinem Spätwerk aus ihrem dionysischen Wesen.

Seit 1904 lebte er im »Haus Wiesenstein« in Agnetendorf (Schlesien). Seit dem Jahre 1926 und bis 1943 verbrachte Hauptmann die Sommermonate im »Haus Seedorn« in Kloster auf der Ostseeinsel Hiddensee, zunächst als Gast. 1930 erwarb und erweiterte er das Anwesen. Unter dem sogenannten Kreuzgang, der beide Teile des Hauses verbindet, ließ er einen Weinkeller anlegen.

Vom Agnetendorf aus bestellte Gerhart Hauptmann die Weine für diesen Keller bei verschiedenen Gütern und ohne in seiner Neigung festgelegt zu sein. Nur von zwei Lieferanten konnten Bestellungen noch ermittelt werden (in des Dichters persönlichen Aufzeichnungen fehlen Nachweise). Dies geschah, als die seit 1956 in Haus Seedorf eingerichtete Gedenkstätte in einer Weinfachzeitschrift zur Nachforschung aufgerufen hatte. Denn seit 1994 ist der – damals restaurierte – Weinkeller in den Ausstellungsbereich des Gerhart-Hauptmann-Hauses einbezogen. Die ummauerten Tonröhren fassen 450 Flaschen Wein, und man wollte den Besuchern auch Wein aus Lagen, die der Dichter bevorzugt hatte, anbieten können.

Es ergab sich, daß Hauptmann über Jahrzehnte Spätburgunder von zwei Betrieben bezogen hatte, nämlich vom Ihringer Winklerberg (Kaiserstuhl) aus dem Weingut Bühler in Freiburg (1977 an die Winzergenossenschaft Ihringen verpachtet) und Rüdesheimer Berg Schloßberg vom Hotel »Krone« in Assmanshausen. Er war 81 Jahre alt, als er, zwei Jahre vor seinem Tode, im Jahre 1944 die folgenden Bestellungen aufgab (der adressierte Herr Hufnagel war der frühere Besitzer der »Krone«).

Dr. Gerhart Hauptmann

Agnetendorf in. Riesengebirge
am 26. Februar 1944

Herren
Fritz Bühler & Söhne
Weingutsbesitzer

Freiburg /Breisgau

--------------------------

Sehr werter Herr Bühler !

    Nehmen Sie meinen Dank für die Zusage mir 6o Flaschen
Ihres Winklerberg zu übermitteln. Ich trinke diesen
badenser Naturtropfen  sehr gern und er bekommt mir
gut. Die Bordeauxs von heute haben nicht immer die
schöne schlichte Wahrheit Ihres Weinbergs. Meine
Aufenthalte in Baden-Baden haben mich hierin belehrt.

    Dass ich sehr lange noch Wein trinken werde, ist
mit einundachtzig Jahren nicht durchaus anzunehmen, aber
ich bitte Sie, mich gelegentlich wieder zu protegieren.

    Mit besten Empfehlungen

*Gerhart Hauptmann*

**Wiesenstein**
Agnetendorf i.R.

am 25. Juni 1944

Sehr werter Herr Karl Hufnagel !

Ueber Ihre Kroneninschriften habe ich
mich sehr gefreut, des gleichen über Ihren
Brief und desgleichen darüber, dass Sie mir
von Ihrem Assmannshäuser Rotwein einen
Posten mitzuteilen bereit wären.

Wie gerne würde ich 5o-loo Flaschen davon
in meinen Keller bekommen und bitte Sie, dies
- wenn angängig - als Bestellung zu betrachten.
( Sendung bitte am besten per Nachnahme ).

Ein Bild von mir, das Sie sich gewünscht
haben, folgt anbei.

Der Vierzeiler über die Krone erfährt noch
eine kleine Vollendung und wird in die nächsten
Bände meiner Gesamtausgabe eingehen.


Ihr

*Gerhart Hauptmann*

# Rudolf G. Binding
## (1867–1938)

Er hat nicht nur die »Moselfahrt aus Liebeskummer« geschrieben, sondern in seiner Biographie auch das vom Wein begleitete, die Welt der Phantasie erschließende Gespräch aus eigener Erinnerung geschildert: In Berlin war es, wo er mit seinem Freund Anton (»geistreich, ungekünstelt, musisch, wohlgebildet«) nachts zusammensaß, von ihm berichtet er:

*Nie war er langweilig oder reizlos in seinen Bemerkungen und Ge-*
*sprächen, und es mußte schon sehr spät werden, bis man ihn müde,*
*zum Aufbruch oder zum Schlaf bereitfand.*

*Im Gegenteil: erst gegen Morgen schien er völlig zu sich zu erwachen,*
*und manche blaue Stunde, manche dämmernde Frühe habe ich mit ihm*
*erlebt, in der wir, nach seliger Umnebelung, in eine noch seligere, hei-*
*lige Nüchternheit einfuhren wie schwankende Schiffe aus stürmischer*
*Fahrt in einen sonnigen See.*

*Er trank gerne und aus vollen Gläsern, immer mit einer hohen, nie ver-*
*siegenden Verehrung für das Trinken und den Wein. Dann wurde seine*
*Stimme ganz innerlich, die Rede wurde zur Feier, und in jenen Stun-*
*den zwischen Nacht und Morgen haben wir, Mann zu Mann, die un-*
*vergesslichen, tiefen Gespräche geführt, in denen keine Trauer und nur das*
*Leben war, jene olympischen Gespräche, nach denen wir zur Ruhe gingen*
*wie die Götter.*

In seiner eingangs zitierten Novelle schreibt Binding:

*Wein ist Denken und Tun, Wein ist Wachstum und Wohlstand, Wein*
*ist Sorge und Genuß der Menschen. (…) Er ist Rede und Antwort.*

Für das Jahr 1954 wurde dem Dichter für jene romantisch-schwärmerische Schilderung der Mosellandschaft posthum der seitdem regelmäßig verliehene Deutsche Weinkulturpreis zuerkannt (neben ihm zugleich der Columbia-Film, die das Thema verfilmt hatte). Am 16. Juni 1955 enthüllte man im »Rosengarten«, in den Moselanlagen zu Traben-Trarbach, eine auf einem unbehauenen Findling angebrachte Gedenktafel. Bei dem Festakt, an dem auch Stefan Andres teilnahm, merkte Ludwig Friedrich Barthel, Schüler und

Freund Bindings, aus eigener Kenntnis zu dessen Verhältnis zum
Wein an:

*Binding liebte den Wein (…). Mit Wein, der auf sie warte, lockte Bin-*
*ding die Freunde zu sich, und wo immer er ein Glück zu bekräftigen*
*hatte, geschah es unter dem Zutrinken von Wein. Unser Dichter ge-*
*hörte einer Generation an, die noch etwas zu bestehen vermochte, in*
*dieser Tugend dem kaum erschütterlichen Gerhard Hauptmann ähn-*
*lich. Beide spürten, daß im Wein ein verschwiegener Gesang sei, daß er,*
*gleich der Nacht den Umriß der Dinge mildernd, unsere Phantasie ent-*
*binde, daß er das Auge verschließe, um es zu öffnen, daß er verzaubere*
*und es darauf ankommen lasse, ob einer, begnadet, aus dieser Verzaube-*
*rung Gewinn ziehe oder, im Begehren ohne Halt, übertölpelt hinstürze.*
*Von Binding konnte man den verständigsten und gewissenhaftesten*
*Umgang mit dem Wein erfahren.*

118

# Stefan George
## (1868–1933)

Der aristokratisch-unnahbar schauende, freudlos wirkende, zuchtvolle Dichter mit der für ihn typischen Kleinschreibung, der Visionär und Mittelpunkt eines exklusiven Kreises von Intellektuellen und Künstlern – ein Freund des heiter stimmenden Weines? Man möchte es kaum glauben, und doch war es so.

Stefan George ist Abkömmling einer lothringischen Winzerfamilie, die 1803 im linksrheinischen Deutschland seßhaft wurde. Der Vater war Gastwirt (»Zur Traube«) und, wie der Bruder Fritz des Dichters, Weinkommissionär, der Großvater Küfer gewesen, die Mutter stammte von der Nahe. Die Familie lebte in Büdesheim, dem Weinort am Fuße des Scharlachberg und entlang der Nahe, heute Teil und eigentliche Weinbaugemeinde der Stadt Bingen, wohin man später umzog.

Die Kenntnis von Weinbau und Weinbehandlung klingt in Äußerungen, die Freunde Georges bezeugt haben, wie im dichterischen Werk an. Im Gespräch mit seinem Freund Robert Boehringer erinnert er sich an seine Jugend im Winzerbetrieb, auch daß man die Trauben, mangels moderner Mühlen oder Pressen, mit bloßen (zuvor gewaschenen) Füßen getreten habe, auch er selbst habe dies getan (wie einst und heute noch vereinzelt in romanischen Weinländern üblich).

Anklänge an die rheinhessische Weinlandschaft finden sich im »Kindlichen Kalender« und im Gedicht »Rhein«. Im »Jahr der Seele« rühmt George »die traube mit leuchtendem saft«, im »Siebenten Ring« preist er das sonnige Rebenland und grüßt mythologisch neben Pan, dem Waldgott, auch Hebe, die Mundschenkin der griechischen Götter. Dort wie auch im »Teppich des Lebens« (»Der Freund der Fluren«) erwähnt George das ihm vertraute Ausbrechen und Binden der Reben im Weinberg.

Unter den Gedichten aus Baudelaires »Fleurs du mal«, die er übertragen oder zu Neuschöpfungen umdichtete, sind auch »Die Seele des Weines«, »Der Wein der Liebenden« und »Der Wein der

Einsamen«, die zu den klassischen Weinpoemen der Weltliteratur zählen. Karl Greifenstein bemerkt dazu: »Als Sohn unserer Landschaft hat er sich Baudelaires Lob des Weines zugewandt, weil er in ihm eine Verherrlichung der Kraft des Seelischen spürt.«

Seine nicht geringen handwerklichen Fähigkeiten bewies er auch, wenn es darum ging, ein Faß Wein anzuzapfen. Die mit ihm befreundete Malerin Sabine Lepsius berichtet über einen Besuch Georges in ihrem Hause in Berlin. Ihr Gatte wollte aus diesem Anlaß ein Faß Rheinwein anstechen, wußte aber nicht, wie. George habe hierauf gesagt (in der von ihm nicht abgelegten Mundart seines Geburtsortes): »Ei, da brauche Sie gar keinen Küfer komme zu lasse, das versteh ich grad so gut und Sie könne es von mir lerne.« Dann seien sie zusammen in den Keller gegangen, hätten dort Flaschen gespült und das Weinfaß angezapft, »daß es eine Lust war«.

Georg Bondi, der ebenfalls in Berlin ansässige Verleger Stefan Georges (bis zur Übernahme seines Verlages durch Helmut Küpper im Jahre 1935 – Bondi war Jude), war auch oft sein Gastgeber, er beherbergte den Dichter wochenlang in seiner Villa. Von ihm stammt die erinnernde Skizzierung seines »Weinverstandes«:

*Als Weinkenner war George ohnegleichen; er stammte ja auch von Weingutsbauern ab. Ich kaufte nie größere Mengen Wein ohne seinen Rat. Einmal hatte ich eine Probe, die er ungemein lobte. Auf der Etikette stand unter dem Namen des Weins: »Crescenz S. Fischer«. Ich fragte George, ob das wohl der bekannte Verleger sei. Er antwortete: »Wenn er es ist, dann ist das sein bestes Erzeugnis.«*

Diesem Wissen um die Mühen des Winzers, der den Wein erzeugt und pflegt, entsprach auch sein Umgang mit dem edlen Getränk und die Erwartung, die er an andere richtete. Hierzu gibt es eine kennzeichnende Begebenheit, von der Edgar Salin, zu jener Zeit Student in Heidelberg und Freund Georges, später Professor der Nationalökonomie in Basel, zu berichten weiß:

*Als George mit Gundolf kam, war (...) die Stimmung nicht die gleiche wie beim ersten Besuch. Der Meister schien ein wenig müde, überließ daher dem immer geistsprühenden Jünger während des Essens ganz die Führung des Gesprächs und griff nur gelegentlich scherzend oder tadelnd, zustimmend oder zurückhaltend ein.*

*Nur als Gundolf ein Glas edlen Rheinweins – »1911er Rüdesheimer*

*Alexander Zschokke: Feierabend – Stefan George in literarischer Weinrunde*

*Berg Burgweg Auslese«, hatte George fast andächtig gelesen – hastig in einem Zug heruntertrank, hieß es: »Kind, Du bleibst doch ein Barbar«, und den Weinduft genießend, den ersten Schluck langsam kauend, erzählte George von den Weinproben seines Vaters und den schönen Weinen, die in der Binger Gegend wachsen. Er wisse die Ehre dieses Weines, fügte er hinzu, ganz zu schätzen; aber er sei ihm fast zu gut, – als regelmäßiges Getränk erschien ihm ein leichter Mosel oder Nahe oder Pfälzer Wein bekömmlicher.*

Als Friedrich Wolters in einem Buch über Stefan George darin auch dessen Lebenserinnerungen einbrachte, frug der gemeinsame Freund Berthold Vallentin, ob es George zu langweilig sei, seine Memoiren selbst zu schreiben. Dieser habe geantwortet:

*Gott, wenn ich immer Wein dabei habe, dann würde ich es wohl fertig bringen, dann müßte aber jemand dabei sein, der mich reizte.*

Gegenüber Vallentin bemerkte der Meister auch im März 1931 (inzwischen über 62 Jahre alt), er fühle sich nicht mehr so elastisch wie früher und könne beispielsweise vormittags keine Flasche Wein mehr trinken, obwohl er, im Gegensatz zu manchem seiner Freunde, mit dem Wein Maß zu halten wisse – der Rückschluß auf den früheren Weinkonsum und dessen das dichterische Werk belebende Wirkung ist erlaubt.

Während Stefan George sich bei Professor Landmann in Basel aufhielt (1924–1927), besuchte er oft den Maler und Bildhauer Alexander Zschokke in dessen Atelier, »um sich vom täglichen Spaziergang etwas auszuruhen und ein Glas Burgunder zu trinken. Diese Besuche dauerten meist dreiviertel Stunden und spielten sich zwischen 10h30 und 11h30 ab« – so berichtete der Künstler (zuvor Professor an der Akademie in Düsseldorf und zuletzt freischaffend tätig) Robert Boehringer für dessen Buch »Mein Bild von Stefan George«. Zschokke hat immer wieder Georges Kopf, der ihn faszinierte, als Relief und Büste, in Zeichnung oder Gemälde dargestellt. Ein Ölgemälde mit dem Titel »Feierabend« zeigt beide – Zschokke vorn links, der Dichter daneben – in geselliger Runde beim Rotwein.

Im Geburtsort Büdesheim ziert das Porträt des Dichters einen geschnitzten Faßboden im Weinkeller des Hildegardishofes. Daß er nicht nur der entrückte Dichter war, sondern auch den Wein liebte, das weiß man in seiner Heimat.

# Hermann Hesse
## (1877–1962)

Der Autor des »Steppenwolfes« und des »Glasperlenspiels« war zeitlebens mit dem Wein vertraut – in seiner schwäbischen Geburtsheimat wie später in der Wahlheimat Tessin.

Die Symbiose von Phantasie, schöpferischem Tun und Wein deutet Hesse in seinem ersten Roman (»Peter Camenzind«, 1904) an, wo er vom Wein sagt:

*Wenn er mit seinen Lieblingen redet, dann überrauscht sie schauernd und flutend die stürmende See der Geheimnisse, der Erinnerung, der Dichtung, der Ahnungen. Die bekannte Welt wird klein und geht verloren, und in banger Freude wirft sich die Seele in die straßenlose Weite des Unbekannten, wo alles fremd und alles vertraut ist und wo die Sprache der Musik, der Dichter und des Traumes gesprochen wird.*

Etwa um 1907 (Hermann Hesse wohnte damals als freier Schriftsteller in Gaienhofen am Bodensee) entstand in München das Foto mit dem Glas Wein – ein Rotwein, vielleicht ein Trollinger aus Württemberg oder ein Spätburgunder vom »Schwäbischen Meer«.

Ein wenig selbstironisch im Lehnstuhl posierend, gleichwohl genüßlich und entspannt, hebt der Dichter das Glas prüfend gegen das Licht. Eine jedem Weinfreund vertraute Geste und ganz offensichtlich täglicher Gewohnheit gemäß, nicht für den Fotografen erdacht.

Aus dem Jahre 1905 stammt eine lustige autobiographische Erinnerung Hermann Hesses mit dem Titel »Weinstudien«. Es läßt kenntnisreiche Liebe zum Wein ebenso erkennen wie die Welterfahrenheit des Autors, dem es an spitzbübischen Einfällen für eine mühelose »Weinwanderung zuhause« sichtlich nicht mangelte, wenngleich die Erwartungen gutgläubiger Schweizer Winzer nicht wenig enttäuscht wurden:

*Ungebildete Leute hört man oft schlechthin von »Waadtländer« reden, wie sie auch von »Rheinwein« oder von »Champagner« sprechen. Als ob es beim Weine auf die Nationalität und nicht auf die Persönlichkeit ankäme!*

In der trügerischen Hoffnung, dies Vorurteil literarisch widerlegen zu
können, beschloß mein Freund Konrad Pfeuffer, ein schweizerisches
Weinbüchlein zu schreiben. Es sollte ein zuverlässiger Baedeker für die
schweizerischen Weingegenden sein und Konrad hatte mehrere Notiz-
bücher voll wertvoller Studien gesammelt. Er lebte als Angestellter im
Laboratorium einer chemischen Fabrik in behaglichen Verhältnissen,
nichtsdestoweniger hatten ihn jene Studien in bedeutende Schulden gebracht, so daß er jetzt vor der bitteren Notwendigkeit stand, seine öno-
logische Arbeit einstellen und damit das schon gesammelte Material
verlorengeben zu müssen. Denn obwohl Chemiker, war er doch ein
harmloser und kindlich ehrlicher Mensch. Und so kam er eines Tages
zu mir, klagte mir sein Leid und fragte mich, ob ich nicht einen Geld-
mann wisse, der für die Sache zu gewinnen wäre.

Seine Einfalt rührte mich und ich beschloß, ihm und mir selber nach
Möglichkeit zu einem uneingeschränkten Weinstudium zu verhelfen.
Er gab mir Vollmacht, und bald war die Sache schön im Gange. Von
einem angesehenen Verlagsbuchhändler ließ ich mir schriftlich bestäti-
gen, daß das von Pfeuffer und mir zu bearbeitende Buch sein volles
Interesse habe und nach Vollendung des Manuskripts wohlausgestattet
in seinem Verlage erscheinen und in Vertrieb gebracht werden solle.
Alsdann verschaffte ich mir durch einen befreundeten Kaufmann die
Adressen aller nennenswerten Weinbauern und Winzervereine. Diese
wurden durch hektographierte Briefe von unserem dankenswerten
Unternehmen unterrichtet und zur Einsendung von Proben sowie zur
Erlaubnis einer fachmännischen Kellerprobe aufgefordert. In dem
Prospekt waren Pfeuffers sämtliche wissenschaftliche Examina und
Atteste, Ruf und Einfluß des Verlegers und meine eigenen literarischen
Verdienste in sachlich ruhigem Tone erwähnt, und der hübsch stili-
sierte Brief machte wirklich einen wohltuend schlichten, vertrauener-
weckenden Eindruck.

Der Erfolg ließ nicht lange auf sich warten. Manche von den Einge-
ladenen gaben keine Antwort, andere schickten lächerlich winzige
Musterfläschchen, sehr viele aber gingen verständnisvoll auf die
diskrete Anregung ein und sendeten uns Kistchen voll großer Flaschen, einige auch kleine Fäßchen. An Vollständigkeit war zunächst
nicht zu denken, aber der Fortgang unserer Studien war einstweilen
gesichert.

124

*Hermann Hesse mit Chiantiflasche, 1906 in der Toscana*

*Wir begannen damit, daß wir die eingangenen Vorräte in sachgemäßer Ordnung auf Lager brachten. Konrad Pfeuffer machte von den ihm noch unbekannten Marken sorgfältige Analysen, während ich mich daran machte, zehnfarbig auszuführende Karten der einzelnen Kantone als Grundlage einer zuverlässigen Weingeographie vorzubereiten. Ich sage vorzubereiten, denn bis heute ist leider noch keine von diesen Karten fertig geworden. Sie sind im Maßstabe von 1 : 75 000 angelegt und haben mich nicht wenig Zeit und Mühe gekostet.*

*Und da zeigten sich sogleich Differenzen. Es gab Weine, die auf Pfeuffer wesentlich anders wirkten als auf mich, außerdem gaben auch bei ähnlicher Geschmacksauffassung sich die Sinneseindrücke ihm unter ganz anderen Formen zu erkennen als mir.*

*Konrad Pfeuffer sah Farben, wenn er trank. Es gab Weine, die ihm den Eindruck von Rot, von Rosa, von Ultramarin, von Opalblau, von Grün oder Gelb erweckten, bis in alle erdenklichen Nuancen von Lila, Braun und Violett. An gewissen Lieblingsweinen, deren koloristischer Eindruck ihm untrüglich feststand, besaß er eine zuverlässige Stimmgabel, so daß er jede Weinliste fehlerlos in Farben hätte charakterisieren können. Aber wer sollte das verstehen? Das war nicht schlechter und nicht besser als eine Spektralanalyse.*

*Bei mir hingegen löste der Wein nicht Farben, sondern Erinnerungen aus. Es gab Weinsorten, die mich in früheste Kinderzeiten zurückversetzten, andere weckten Gymnasial- und Studienerinnerungen oder ließen das Andenken von Reisen, Liebeserlebnissen, Freundschaften usw. aufleben. Sorgfältige Vergleiche ergaben, daß zwischen Pfeuffers Farben und meinen Erinnerungsgruppen ein unleugbarer Parallelismus bestand; doch war uns damit nur wenig gedient. Es galt, zwischen seiner koloristischen und meiner mnemonischen Tonleiter eine allgemein verständliche Skala zu finden. Ich machte den Vorschlag, mein Freund möge zu jedem Wein eine möglichst exakte Realbeschreibung geben, während ich eine Art Gedicht in Prosa dazu liefern wollte. Aber als er zwei von diesen Dichtungen angehört hatte, lehnte er mit höflicher Entschiedenheit ab. Und als ich einige mir besonders sympathische Marken ausgetrunken hatte, noch ehe er dazu gekommen war, sie zu analysieren, da hätte es um ein Haar Händel zwischen uns gegeben. Schließlich kamen wir überein, einander in Ruhe zu lassen und zunächst jeder für sich zu arbeiten. Ein halbes Jahr reichte unser Pro-*

126

*Hermann Hesse. 1909*

benvorrat aus, und ich werde die heitere friedlich arbeitsame Stimmung jener schönen Monate nie vergessen. Namentlich ein kleines Fäßchen milden Weißweines aus der Nähe von Villeneuve schenkte mir reiche, stillbeglückte Abende, deren tiefen Märchenzauber ich noch einmal erleben möchte. Dieser Wein weckte in mir die Erinnerung an einen verliebten Frühsommer meiner ersten, längst in Asche verwehten Gedichte. Auf Konrad wirkte er als ein weiches, ins Orangerot spielendes Gelb.

Könnte ich doch länger bei diesen teuren Erinnerungen verweilen! – Leider dauerte diese schöne Zeit, wie alle schönen Zeiten, nicht lange. Es kam der Tag, an dem ich die letzten Flasche (es war ein vorzüglicher Grumella) öffnete und trank und ihren Heimatort auf meiner Karte hellrot bezeichnete.

Da wir nun einmal im Zug waren, konnte von einem plötzlichen Aufhören keine Rede sein. Wir besuchten noch einige Weinberge und Kellereien in der Westschweiz, deren Besitzer uns eingeladen hatten. Dann hatte auch das ein Ende. Wir waren wieder auf die Kneipen angewiesen und hatten bald im »Schlüssel«, im »Helm«, im »Scharfen Eck«, in der »Reblaube« und im »Wilden Mann« unseren Kredit erschöpft. Keiner von uns konnte mehr, wie früher, naiv draufloszechen oder gar nötigenfalls für einige Tage den Wein entbehren. Es kamen Tage, an denen mein Mittagessen aus einem Stück Brot oder aus zwei Kartoffeln bestand, aber abends mußte ich an einer guten Quelle sitzen und solide, reine, nicht billige Weine trinken. Meinem armen Freunde ging es nicht anders, wir kamen mehr und mehr zurück, und ich mußte allmählich wertvolle Stücke aus meiner sorgfältig geschonten Büchersammlung preisgeben. Mit Wehmut vertrank ich eine Erstausgabe des Tasso, dann einen Vergil des 16. Jahrhunderts mit Holzschnitten, und so einen Schatz um den anderen.

Schmerzlich war der Tag, an welchem Konrad Pfeuffer wegen üblichen Leumundes und verminderter Brauchbarkeit seinen Abschied erhielt und in seine Heimat am Unterrhein zurückkreiste. Ich selbst erhielt mich noch ein Jahr lang auf schwankendem Grunde. Schließlich konnte ich mir nicht mehr verhehlen, daß ich mich hoffnungslos auf einer schiefen Ebene bewege. Da packte ich den Rest meiner Garderobe in eine alte Handtasche und den Rest meiner Bibliothek in eine Kiste und fuhr davon.

*Seither habe ich mich von experimentalwissenschaftlichen Studien jeder Art sorgfältig ferngehalten und es ist mir in mühsamen Jahren gelungen, die ersten Stufen zum Rufe eines moralisch und ökonomisch achtbaren Mannes zu erklimmen. Wenn ich aber abends einmal in meinen Notizen von damals blättere und die großen Kartenskizzen betrachte, kann ich mich des wehmütigen Gefühles nicht erwehren, es seien doch schöne Zeiten gewesen – damals.*

Sieben Gläser lang läßt Hermann Hesse ein andermal die ersten 24 Jahre seines Lebens beim geliebten Roten Veltliner vorbeiziehen. Er gedenkt der Liebe, einsam-finsterer Nächte, schöner Städte und Landschaften und erfährt Trost in der Einsamkeit, bis er zuletzt die »spröde Scheu« des Weines preist. Und so beginnen seine Erinnerungen beim immer wieder gefüllten Glase:

*Ich verstehe die Kunst des frohen Zechens nicht. Nur aus selig verschlenderten frühen Jünglingsjahren herüber kenne ich, wie aus einem Traum, den Klang der Römer und das von Gelächter unterbrochene fröhlichfreche Geplauder einer jungen Tafelrunde.*

*Aber ich liebe den roten Veltliner. Kennt ihr ihn, den tiefdunkelroten, schweren Wein mit dem verborgenen, schwermütigen Feuer? Ich schätze ihn zu hoch, um ihn oft zu trinken; er ist ein einsiedlerischer, tiefer Freund, den ich nur an traurigen, sternlosen, hoffnungslosen Abenden aufsuche, um in sein dunkles Auge zu sehen und die staubigen Schleier des ermüdenden Tages für Stunden von mir zu werfen.*

*Wie dunkel, stumm und mystisch er aus dem breiten Glase blickt! Ach, seine Farbe, sein herber Duft und selbst das breite, fußlose Glas erinnern mich jedesmal an den edelherben Chianti, den ich in Toskana trank, an die Nächte in Fiesole, Settignano und Prato, und an meine Lieblingsstadt, an die Stadt der Blumen und der Kunst, an Florenz, nach dem ich alle Tage Heimweh habe.*

*Das erste Glas! – und ein Vorhang fällt von meinem Innern. Nun bin ich nicht mehr der ermüdete, entwürdigte und verdumpfte Tagesmensch, nun rauschen die lauten Quellen der Schönheit wieder in mir auf. Nun brennt meine Schwermut, meine Liebe und meine Sehnsucht in neuen, leuchtenden Farben auf, nun geht durch meine Träumerei der ungebrochene, große Rhythmus der Freiheit und der Phantasie.*

*Über den Tisch geneigt sitze ich still und blicke in die dunkelrote Weinglut. Sie macht mich niemals froh, und dennoch tröstet sie mich wun-*

*derbar. Ich sinne über mein ganzes Leben zurück und siehe, es ist nicht mehr, wie es mir noch gestern, noch heute erschien. Es ist kein schlechter Faden mehr, an dem ein kindliches Schicksal Perlen, Steine, Blumen, Dornen ohne Wahl gereiht hat und der im Kot der Straße liegen blieb. Es ist ein flutendes Gedicht von rätselhafter Schönheit, mit wundervoller Energie voranstrebend, einem unbekannten, aber edlen Ziel entgegen. Es ist, von frühsten Knabenjahren an, getränkt mit der Schönheit aller Welt, heimlich mit dem Wesen der schönen Kultur befreundet. Es ist so alt wie Homer und so jung wie die gegenwärtige Stunde, erfüllt von Kenntnis und Ahnung alles Begehrenswerten und Auserlesenen, das je durch Denkerstirnen und Bildnerhände ging. Etwas in mir redet wie ein Bruder auf Du und Du mit den Göttern der Griechen, mit den Dichtern des Orients, mit den Madonnen Toskanas, mit den Meeren und Himmeln Böcklins und mit allen Schönheiten der sichtbaren und unsichtbaren Welt. Sind sie mir nicht Reichtümer, nicht Freunde, nicht Heimat und Lebensbesitz?*

Aus solcher inniger Liebe zum Wein erklärt sich auch Hermann Hesses Betrachtung über gewisse junge Leute, deren Ideal der »denkende Künstler« ist. Sie wurde im Jahre 1904 geschrieben und enthält folgende Zeilen:

*Andere, welche noch nicht dem auch unter Künstlern neuerdings erfolgreich werdenden heiligen Krieg wider den Alkohol beigetreten sind, finden den Weg zu Orten, wo man einen Guten schenkt. Diese haben meine volle Sympathie, denn der Wein als Ausgleicher, Tröster, Besänftiger und Träumespender ist ein viel vornehmerer und schönerer Gott, als seine vielen Feinde uns neuestens glauben machen möchten. Aber er ist nicht für jedermann. Ihn künstlerisch und weise zu lieben und zu genießen und seine schmeichlerische Sprache in ihrer ganzen Zartheit zu verstehen, dazu muß einer so gut wie zu anderen Künsten von Natur begabt sein, und auch dann noch bedarf er der Schulung und wird, wo er nicht einer guten Tradition folgt, es selten zu einiger Vollkommenheit bringen.*

# Joachim Ringelnatz
## (1883–1934)

Hans Bötticher aus Wurzen in Sachsen hatte im Jahre 1909 seinen ersten Auftritt bei Kathi Kobus in der Münchner Künstlerkneipe »Simplicissimus« (»Simpl«), damals noch unter seinem bürgerlichen Namen. Die ersten »Ringelnatz«-Gedichte verfaßte er 1919, zu dieser Zeit taucht sein Pseudonym, unter dem er berühmt wurde, erstmals im Tagebuch auf.

Der melancholische Poet mit der »schnabelartig vorspringenden Nase«, der mit Worten spielende Sprachphantast, der umtriebige Matrose (»Kuttel Daddeldu«) war gewiß kein typischer Weintrinker. Rum, Cognac und andere »scharfe Getränke« waren eher seine Sache (»wieviel schöne Gedichte können aus dieser Flasche kommen«, bedenkt er in »Als Mariner im Krieg«).

Wenn er gleichwohl hier nicht fehlen darf, dann nicht so sehr wegen gelegentlicher Anspielungen auf den Wein (wie in dem Gedicht »Im Weinhausgarten«: »Es funkelt ein Weinchen, Landwein oder Edelwein…«) sondern wegen seiner Verse »Guter Rausch« (Auszug):

*Denken wir jetzt nicht an den Halunken,*
*Der betrügt, indem er sich besäuft,*
*Auch nicht an den andern, der betrunken*
*Schimpft und androht oder Amok läuft.*

*Nicht an Witzler, nicht an Vielversprecher*
*Noch an den, der morgen früh bereut.*
*Der am Tag vor Nacht- und Nacktheit scheut.*
*Was ich meine, gilt für andre Zecher.*

*Ihrer denk ich. Nach dem sechsten Glase,*
*Oder nach dem dritten oder zehnten,*
*Kommen sie – nicht etwa in Ekstase –*
*Sondern in den variiert ersehnten*

## Joachim Ringelnatz

### Originalzeichnung aus einem Programmheft des »Simpl«

*Joachim Ringelnatz, der »Hausdichter«, auf der Bühne des »Simpl«*

*Zustand, klar und dennoch mild zu sehn,*
*Mild zu horchen auf die Andern, Fremden,*
*Und wie Engel in schneeweißen Hemden*
*Sozusagen vor sich selbst zu stehn.*

Die sanfte Trunkenheit ist kaum einfühlsamer zu beschreiben.

Es ist darum gewiß kein Zufall, daß die Frontispiz-Zeichnung der »Matrosengedichte« ein Weinglas zeigt (Abb. S. 134). Es steht auf einem von zwei Figuren umgebenen Podest mit dem Konterfei des Dichters, der Kiel der Schreibfeder ist hineingetaucht. Karl Arnold, Illustrator der satirischen Zeitschrift »Simplicissimus« (der Titel wurde für das Kabarett übernommen) hat so das Weinglas zum »Tintenfaß des Poeten« erklärt, zum Trank, aus dem die Gedanken kommen, die absonderlich-schönen, die melancholischen, die bunten, und seinem Gefäß: Die Muse Wein!

Aus dem Programmheft des »Simpl« stammt hingegen die Zeichnung von Stengel, die Ringelnatz als deklamierenden »Hausdichter« auf den Brettern der Bühne stehend zeigt – ein Weinglas in der Hand!

Auch wenn es nicht durch seine eigenwilligen Gedichte oder aus Selbstzeugnissen belegbar ist, muß nach alledem doch nicht nur des Alkohols wegen eine Beziehung zum Wein bestanden haben.

Darum darf Ringelnatz im Kreise der vom Wein inspirierten kreativen Persönlichkeiten nicht fehlen. Sonst ließe sich nicht wiedergeben, was er einmal überzeugt als Widmung in ein Buch geschrieben hat:

*Die besten Vergrößerungsgläser für die Freuden dieser Welt sind die,*
*aus denen man trinkt.*

KUTTEL DADDELDU

*Frontispiz zu Kuttel Daddeldu von JoachimRingelnatz. 1923*

# Carl Zuckmayer
## (1896–1977)

Wenige Dichter haben so intensiv »mit dem Wein gelebt«, ihn nicht nur getrunken und in Prosa oder Poesie gepriesen, sondern ihn auch von ganzem Herzen verehrt wie Carl Zuckmayer. Wo der Wein in seinen Gedichten und Theaterstücken erwähnt wird, sind es zugleich ganz persönliche Bekenntnisse, Aussagen: Zum Wein, den man »am besten trinkt (...) in vertrautem Kreise, um einen Tisch gesellt«, mit dem man sich aber nicht einsam besaufen sollte, schon gar nicht, wenn man traurig ist (»Ratschläge für gutes Trinken«), zum Wein der Jugend (»...die Nächte, die wir durchsoffen, die verschwendeten Nächte rollen uns ewig im Blut«), zur Weinbohème (dem ihm so seelenverwandten schwedischen Anakreon Carl Michael Bellmann in »Ulla Winblad«, dessen Bild den Umschlag dieses Buches ziert), zur Weinheimat und ihrer Landschaft (»Die Weinberge von Nackenheim«).

Dieses gewachsene Verhältnis zum Wein, mit dem Carl Zuckmayer aufwuchs in Rheinhessen, den er auch in seiner Emigration nicht vergaß und mit dem er im Jahre 1970 Wiedersehen und Versöhnung mit seinem geliebten Mainz feierte – es spricht auch aus den nur scheinbar lockeren Worten, die er dem Weingutsbesitzer Jean Baptiste Gunderloch im »Fröhlichen Weinberg«, dem eigentlichen, einzigen deutschen Weinschauspiel, in den Mund legt:

*Lasse mer uns de Wein schmecke, liebe Leut (...), er ist (...) allezeit e Stückche Natur, e Stückche Element, e Stückche Kindstauf un Himmelfahrt.*

Der Dichter, dem auch andere alkoholische Getränke nicht fremd waren, sagte: »Das ist das Besondere und Wunderbare an ihm, gemessen an jedem anderen landwirtschaftlichen Erzeugnis, daß er sein eigenes Leben lebt und seiner Lebendigkeit weit über seine stoffliche Substanz hinaus Ausdruck gibt.«

Der Redaktor der Schweizer Literaturzeitschrift »Orte«, Erwin Messmer, bemerkte hierzu einmal:

*. . . es ist nachzuweisen, daß der Trunk bei diesem Mann nicht an der
Oberfläche hausbackener Stammtischrunden einzuordnen, sondern im
Gegenteil, daß er untrennbar mit einer bestimmten Ontologie, mit
einer kosmologischen Sicht, mit einer Lebensphilosophie verbunden ist.*

Messmer veröffentlichte auch auszugsweise ein Interview, das ihm
Frau Maria Guttenbrunner-Zuckmayer, die Tochter Carl Zuckmayers (»Winnetou«), gab und darin sie den Tagesablauf ihres Vaters
schilderte:

*Ein Säufer war mein Vater nicht. Eher ein richtiger Trinker. In Sachen
Wein kannte er sich phantastisch aus. Er kannte alle Franzosen und
Schweizer nach Regionen und Jahrgängen, die deutschen Weine sogar
nach Weingütern. Wenn irgend jemand kam, dann haben meine Eltern
daraus ein Fest gemacht. (. . .)*

*Wütend konnte er werden, wenn er beim Schreiben gestört wurde oder
wenn man sich beim Trinken nicht adäquat verhielt. Trinken war für
ihn etwas Mystisches. Er rezitierte auch gern dabei, quer durch den
Garten von Lessing bis Benn, was so an Weinweisheiten aufgeschrie-
ben ist.*

Am Ende dieser biographischen Skizze sei eine wenig bekannte
Äußerung Zuckmayers wiedergegeben, darin er sich zum Thema
»Wein und Kreativität« äußert und zu (sehr modernen) Tendenzen
einer völligen »Vernüchterung« der menschlichen Gesellschaft (unter dem fragenden Titel »Was weiß die Welt vom Wein?«):

*Zweifellos ist der Wein das edelste unter jenen Genuß- und Rauschmit-
teln, wie sie die Völker seit Urzeiten aus pflanzlichen Stoffen, durch
Filterung, Gärung, Destillation oder sonstige Steigerungsprozesse her-
gestellt haben. Und es scheint, daß den sogenannten Genußgiften,
nicht nur im Gebrauch der Medizin, sondern ganz allgemein, gewisse
lebensfördernde, sogar schöpferische Elemente innewohnen. Eine total
entgiftete, nur nach sanitären Grundsätzen ernährte Menschheit wäre
vermutlich längst zugrunde gegangen, oder mindestens der Verblö-
dung anheimgefallen.*

136

*Carl Zuckmayer im Mai 1970, bei seinem »Versöhnungsbesuch« in Mainz, in der Weinstube »Kirschgarten«
mit dem damaligen OB Jockel Fuchs. »Zuck« trinkt aus der »Mainzer Weinstange«, dem 0,4 l fassenden
zylindrischen, für Mainzer Weinstuben typischen Schoppenglas*

# Quellen und Hinweise

zu größeren Textabdrucken und wenig bekannten Zitaten

## Eingangstext (Yoricks Betrachtungen)

Der Verfasser der – hier auszugsweise abgedruckten – Betrachtung ist, wie auch der Übersetzer, unbekannt. Unter dem Pseudonym »Yorick« schrieb jedoch der englische Schriftsteller Laurence Sterne (1713–1768), er wird deshalb als Autor vermutet (nach Herbert Heckmann, Der beredte Bacchus, Landau 1992 Seite 326)
Die Textauszüge wurden nach Art eines Prosagedichtes angeordnet.
Der »Helikon« ist ein Kalkgebirge in Griechenland, zwischen dem Golf von Korinth und der Kopaisebene in Böotien. Wer aus einem dort entspringenden Quell trinke, der werde zum Seher oder Dichter.

## Vorwort

Friedrich von Bassermann-Jordan. Geschichte des Weinbaus. 3 Bände. Zweite wesentlich erweiterte Auflage. Frankfurt am Main 1923.
Renate Schoene. Bibliographie zur Geschichte des Weines. Zweite, mit allen Supplementen kumulierte und aktualisierte Auflage. Herausgegeben von der Gesellschaft für Geschichte des Weines e. V. Wiesbaden – München – New York – London – Paris 1988.

## Wie der Wein, so das Schreiben

*zum Archipoeta (S. 14)*
Diese Gedichtzeilen des bedeutendsten Vertreters der mittelalterlichen Vagantenlyrik im heutigen Deutschland (1130) sind in der älteren Weinliteratur u. a. von Karl Wolfskehl in seinem mit C. S. Gutkind herausgegebenen »Buch vom Wein« (1927) übersetzt. Die hier abgedruckte, wenig bekannte Übertragung hat in unserer Zeit der Würzburger Historiker Prof. Dr. Dr. Otto Meyer vorgenommen. Aus: Otto Meyer. Weinkultur in Franken. Herausgegeben von Dieter Weber. Würzburg 2000. Desgl. in Weber/Zimmermann. Varia Franconiae Historica, Würzburg 1986.

## »Im Trockenen kann der Geist nicht wohnen ...«

(in der Reihenfolge der Zitate)
*zu Rabelais (S. 17)*
François Rabelais. Gargantua und Pantagruel. Verdeutscht von Engelbert Hegaur und Dr. Owlglass. Pantagruel, Zweites Buch. 2. Auflage. München 1955.

*zu Goethe (S. 17)*
Siehe dazu im biographischen Teil dieses Buches (S. 148).
*zu Weirich (S. 18)*
Hans-Armin Weirich. Denken ins Offene. Aphoristische Tagebücher.
Mainz 1992.
*zu Shakespeare (S. 18)*
William Shakespeare. König Heinrich IV.
*zu Schnack (S. 18)*
Anton Schnack. Weinfahrt durch Franken. München 1964.
*zu von Megenburg (S. 20)*
Konrad von Megenburg. Das Buch der Natur. In neuhochdeutscher Sprache bearbeitet und mit Anmerkungen versehen von Hugo Schulz.
Greifswald 1897.
*zu Yutang (S. 20)*
Lin Yutang. Weisheit des lächelnden Lebens. Aus dem Amerikanischen
übertragen von W. E. Süskind. Reinbek 1960.
*zu Landwirtschaft (S. 20)*
Vollständige Anleitung zur allgemeinen Landwirtschaft nach allen
ihren Theilen und Umfange. Dritter Band: Vom Wein- und Gartenbau.
o. Verf., herausgegeben von einer der Oeconomie beflissenen Gesellschaft. Brünn 1789.
*zu Nebel (S. 21)*
Gerhard Nebel. Über den Wein, in: An der Mosel. Wuppertal 1948.
*zu Seneca (S. 22)*
Lucius Annaeus Seneca. De tranquillitate animi/Über die Ausgeglichenheit der Seele. Deutsch übersetzt und herausgegeben von Heinz
Gunnermann. Stuttgart 1984.
*zu Kapr (S. 22)*
Albert Kapr. Johannes Gutenberg und der Wein. Frankfurt am Main
1991. Siehe auch: Stephan Füssel. Johannes Gutenberg. 2. Auflage. Reinbek
1999.
*zu Papajorgis (S. 24)*
Kostis Papajorgis. Der Rausch. Ein philosophischer Aperitif. Aus dem
Neugriechischen von Gaby Wurster. München 1998.
*zu Schiller (S. 24)*
Friedrich von Schiller. Wallenstein, in: Nationalausgabe, 8. Band. Herausgegeben von Hermann Schneider und Liselotte Blumenthal. Weimar
1949.
Siehe auch im biographischen Teil dieses Buches.
*zu Kusenberg (S. 24)*
Kurt Kusenberg. Der ehrbare Trinker. Reinbek 1965.
*zu Tieck (S. 25)*
Ludwig Tieck. Werke in vier Bänden. Herausgegeben sowie mit Nachwort und Anmerkungen versehen von Marianne Thalmann. Band 3:

140

Novellen. München 1965. Der Textauszug stammt aus »Die Gemälde«.

*zu Tu Fu (S. 25)*
Tu Fu's Gedichte. Übersetzt von E. v. Zach, Massachusetts 1952.

*zu Rüedi (S. 25)*
Peter Rüedi. Der Geist aus der Flasche. Essay über eine ebenso offensichtliche wie verdrängte Kultur, in: du – Die Zeitschrift der Kultur, 12/1994. (Rüedi war Feuilletonredakteur der »Zürcher Woche«, danach Leiter des Ressorts Kultur der »Weltwoche« und Chefdramaturg des Schauspielhauses Zürich.)

*zu Krüger (S. 25)*
Michael Krüger. Alkohol und Literatur, in: Aus dem Leben eines Erfolgsschriftstellers. Zürich 1998. (Krüger ist Geschäftsführer des Carl Hanser Verlages.)

*zu Feuerbach (S. 25)*
Ludwig Feuerbach. Der Schriftsteller und der Mensch. Eine Reihe humoristisch-philosophischer Aphorismen. 1834, in: Ludwig Feuerbach. Sämtliche Werke. Neu herausgegeben von Wilhelm Belin und Friedrich Jodl. Erster Band, 2. Auflage. Stuttgart-Bad Canstatt 1960.

*zu Gernhardt (S. 26)*
Robert Gernhardt. Vom Schönen, Guten, Baren. Zürich 1997.


## »Wein macht munter geistreichen Mann...«

(in der chronologischen Reihenfolge der Dichter und Künstler, innerhalb der Abschnitte alphabetisch geordnet)

*zu Lessing (S. 31 ff.)*
Erbepflege in Kamenz. Schriftenreihe des Lessing-Museums. Heft 5: Heiteres und Besinnliches von Lessing. 2. Auflage, Kamenz 1990.
Gotthold Ephraim Lessing's Werke. Herausgegeben von Heinrich Laube. Erster Band: Sinngedichte. Wien – Leipzig – Prag 1880.

*zu Lichtenberg (S. 33 ff.)*
Albrecht Beutel. Der philosophische Trinker. Lichtenberg als Piniker und Methyologe, in: Rheingau Forum 1994 Heft 4.
Franz H. Mautner. Lichtenberg. Geschichte seines Geistes. Berlin 1968.
Lichtenberg Sudelbücher. Herausgegeben von Franz H. Mautner. Frankfurt am Main 1983.
Unsterblicher Lichtenberg. Aphorismen, Briefe, Schriften. Auswahl und Nachwort von Wilhelm Spohr. Berlin o. J.

*zu Goethe (S. 39 ff.)*
Bettina von Armin. Werke. Band 1. Goethes Briefwechsel mit einem Kinde. Weimar 1986.
Friedrich von Bassermann-Jordan. Goethe und der Wein, in: Das Weinblatt 1949 Heft 15/16 (von vielen genutzt, aber selten zitiert).

Wilhelm Bode. Goethes Leben. 3 Bände. Berlin 1922–1925.

Karl Christoffel. Der Wein in Goethes Leben und Dichtung. Bernkastel-Kues o. J.

Karl-Diether Gussek. Goethes Weinbad oder über die Schönheit von Ammenmärchen, in: Rheingau Forum 1999 Heft 4.

Hermann Jung. »…er konnte fürchterlich trinken«, in: Rebe & Wein 1974 Heft 10.

Ado Kraemer. Goethe und der Escherndorfer Wein, in: Bocksbeutel-buch. Würzburg 1964.

Stefan Krimm/Dieter Weber. Schon fühl ich meine Kräfte höher… Goethe, der Wein und die Faust-Dichtung. Würzburg 1999.

Werner Rothe. Bacchus als Freund des Olympiers Goethe. Frankfurt 1962.

*zu Schiller (S. 49 ff.)*

Friedrich von Bassermann-Jordan. Schiller und der Wein, in: Das Weinblatt 1935 Heft 51.

Richard Hachenberger. Wie hielt es Schiller mit dem Wein? in: Rebe & Wein 1992 Heft 5.

Hermann Jung. … unser Trinkkönig, der herrliche Schiller, in: Allgemeine Zeitung Mainz 1984 Nr. 270.

Emil Palleske. Schillers Leben und Werke. 10. Auflage 1. Band. Stuttgart 1879.

*zu Jean Paul (S. 55 ff.)*

Denkwürdigkeiten aus dem Leben von Jean Paul Richter. 1. Band 1. Abteilung: Jean Pauls Briefwechsel mit seinem Freund Emanuel Osmund. Herausgegeben von Ernst Förster. München 1863.

Jean Pauls Persönlichkeit in Berichten der Zeitgenossen. Gesammelt und herausgegeben von Eduard Berend. Berlin 1956.

Jean Paul. Siebenkäs, darin : Friedrich Burschell. Zum Verständnis des Werkes. Hamburg 1957.

Jean Paul. Ein Lebensroman in Briefen. Herausgegeben von Ernst Hartung. Ebenhausen 1925.

Jean Pauls Sämtliche Werke. 33. Band. Berlin 1862.

*zu Beethoven (S. 61 ff.)*

Ludwig van Beethovens sämtliche Werke. Herausgegeben von Emerich Kastner, neu bearbeitet von Julius Kapp. Leipzig 1923.

Beethoven-Briefe. Ausgewählt und herausgegeben von Leopold Schmidt. Berlin 1922.

Theodor Frimmel. Beethoven-Handbuch. 2. Band. Leipzig 1920.

Stephan Ley. Beethoven. Sein Leben in Selbstzeugnissen, Briefen und Berichten. Berlin 1939.

Ludwig Noll. Beethoven. Leipzig o. J.

Alexander Wherlock Thayer, weitergeführt von Hermann Deiters. Ludwig van Beethovens Leben. 5. Band. Leipzig 1908.

142

*zu Hoffmann (S. 65 ff.)*

Fritz Felzmann. Der Wein in E. T. A. Hoffmanns dichterischem Werk, in: Mitteilungen der E. T. A. Hoffmann-Gesellschaft e. V. Nr. 24. Bamberg 1978.

Klaus Günzel. E. T. A. Hoffmanns Leben und Werk in Briefen, Selbstzeugnissen und Zeitdokumenten. Düsseldorf 1979.

Eduard Grisebach. E. T. A. Hoffmanns sämtliche Werke. Band I. Leipzig 1900.

Julius Eduard Hitzig. Aus E. T. A. Hoffmann's Leben und Nachlaß. Berlin 1823.

Alfred Hoffmann. E. T. A. Hoffmann, Leben und Arbeit eines preußischen Richters. Baden-Baden 1990.

E. T. A. Hoffmann. Lebensansichten des Katers Murr. Düsseldorf – Köln 1968.

E. T. A. Hoffmann. Kreisleriana Nro. 5. Höchst zerstreute Gedanken, in: Fantasiestücke in Callots Manier. Bamberg 1814.

Ricarda Huch. Die Romantik. Tübingen und Stuttgart 1951.

Hans von Müller. E. T. A. Hoffmanns Tagebücher und literarische Entwürfe. I. Band. Berlin 1915.

Rüdiger Safranski. E. T. A. Hoffmann. Das Leben eines skeptischen Phantasten. München und Wien 1984.

*zu Schubert (S. 65 ff.)*

Reinhard Göltl. Franz Schubert und Moritz von Schwind. Freundschaft im Biedermeier. München 1989.

Ernst Hilmar. Schubert. Graz 1989.

Bernhard Paumgartner. Schubert. Zürich 1947.

Schubert im Freundeskreis. Ein Lebensbild aus Briefen, Erinnerungen, Tagebuchblättern der Freunde. Leipzig 1916.

Anita Silvestri. Franz Schubert. Salzburg – Leipzig 1939.

Heinrich Werle. Franz Schubert in seinen Briefen und Aufzeichnungen. Leipzig 1948.

*zu Heine (S. 79 ff.)*

Klaus Briegleb. Heinrich Heine. Sämtliche Schriften. Frankfurt – Berlin – Wien 1981.

Heinrich Heine. Sämtliche Werke. Hamburg 1861–1864.

Heinrich Heine. Deutschland, ein Wintermärchen. Leipzig 1985.

Begegnungen mit Heine. Berichte der Zeitgenossen. Herausgegeben von Michael Werner. Hamburg 1973.

Adolph Kohut. Heinrich Heine und der Wein, in: Der Deutsche Wein 1906 Heft 6.

*zu Hebbel (S. 83 ff.)*

Paul Bornstein. Friedrich Hebbels Persönlichkeit. 2. Band. Berlin 1924.

Friedrich Hebbels Tagebücher in vier Bänden. Herausgegeben von Hermann Krumm. Leipzig 1844.

Karl Pörnbacher. Friedrich Hebbel. Tagebücher. München 1984.

Richard Maria Werner. Friedrich Hebbel. Sämtliche Werke. Tagebücher Erster bis Zweiter Band. Berlin 1903.

*zu Wagner (S. 85 ff.)*

Alfred Börckel. Berühmte Männer beim Wein. Mainz 1913.

Martin Gregor-Dellin. Richard Wagner – Sein Leben. Sein Werk. Sein Jahrhundert. München 1980.

Richard Wagner. Mein Leben. Herausgegeben von Martin Gregor-Dellin. München 1963.

Wendelin Weißheimer. Erlebnisse mit Richard Wagner, Franz List und vielen anderen Zeitgenossen nebst deren Briefen. Stuttgart und Leipzig 1898.

Elmar Werner. Richard Wagners Wein im Weihfestspiel, in: Deutsches Weinbaujahrbuch 1999.

*zu Keller (S. 91 ff.)*

Jakob Baechtold. Gottfried Kellers Leben. Seine Briefe und Tagebücher. Erster Band. Berlin 1894.

Emil Ermaitinger. Gottfried Kellers Leben, Briefe und Tagebücher. Band 1. Stuttgart und Berlin 1915.

Josef Hartung. Gottfried Keller, Briefe und Gedichte. Ebenhausen 1925.

Gottfried Keller. Gesammelte Werke. Band 1. Der grüne Heinrich. Stuttgart und Berlin 1920.

Peter Hille. Deutsche Dichter der Gegenwart. Gottfried Keller. Im Pfauen, aus: Gesammelte Werke in sechs Bänden. Hrsg. von Friedrich und Michael Kienecker. Band 5. Essen 1986.

Irmgard Smidt. Aus Gottfried Kellers glücklicher Zeit. Der Dichter im Briefwechsel mit Marie und Adolf Exner. Stäfa (Schweiz) 1988.

Ursula von Ars. Der Geist aus der Flasche, in: Wein-Lese. Hrsg. von der Zürcher Kantonalbank. Zürich 2000.

*zu Böcklin (S. 97 ff.)*

Gustav Floerke. Zehn Jahre mit Böcklin. München 1901.

Adolf Frey. Arnold Böcklin. Stuttgart und Berlin 1903.

Otto Lasius. Arnold Böcklin. Berlin 1903.

Ferdinand Runkel und Carlo Böcklin. Arnold Böcklin. Berlin-Charlottenburg 1909.

*zu Busch (S. 101 ff.)*

Wilhelm Busch. Sämtliche Briefe. Herausgegeben von Friedrich Bohne. Band I. Hannover 1968.

Wilhelm Busch und der Wein. Gesammelt und präsentiert von Ulrich Gehre. Warendorf 1995.

»Ist mir mein Leben geträumet?« Herausgegeben von Otto Nöldeke. Leipzig 1935.

*zu Brahms (S. 107 ff.)*

Ursula Jung. Johannes Brahms in Wiesbaden und Rüdesheim am Rhein, in: 6. Brahmstage in Rüdesheim am Rhein. Rüdesheim 1998.

144

Kurt Stephenson. Johannes Brahms und die Familie von Beckerath. Herausgegeben von der Brahms-Gesellschaft Baden-Baden. Überarbeitet und ergänzt von Ursula Jung. Hamburg 2000.

*zu Rosegger (S. 111 ff.)*

Heimgarten XXXIII. Jahrgang 1909.

*zu Hauptmann (S. 113 ff.)*

Briefe an Weingut Bühler in Freiburg und an Hotel »Krone« Assmanshausen.

*zu Binding (S. 117 ff.)*

Rudolf G. Binding. Erlebtes Leben. Berlin 1927. Nachdruck mit freundlicher Genehmigung der Bertelsmann Buch und Medien Vertrieb GmbH, Rheda-Wiedenbrück.

Hermann Erschens. Literarische Schauplätze an der Mosel. Husum 1990.

Traben-Trarbacher Zeitung vom 16. Juni 1955 (Nr. 72).

*zu George (S. 119 ff.)*

Robert Boehringer. Mein Bild von Stefan George. Düsseldorf und München 1968.

Georg Bondi. Erinnerungen an Stefan George. Berlin 1934.

Karl Greifenstein. Der Wein. Übertragung von Gedichten Carl Baudelaires durch Stefan George, in: Stefan George zum 50. Todestag. Herausgegeben von der Gesellschaft zur Förderung der Stefan-George-Gedenkstätte. Bingen 1983.

Edgar Salin. Um Stefan George. Erinnerungen und Zeugnis. 2. Auflage. Düsseldorf und München 1954.

Josef Adolf Schmitt-Kraemer. Der Wein und Stefan George, in: Heimatjahrbuch Landkreis Mainz-Bingen 1958.

Franz Schonauer. Stefan George in Selbstzeugnissen und Bilddokumenten. Reinbek 1960.

Michael Stettler. Bildnisse Stefan Georges von Alexander Zschokke. Düsseldorf und München 1974.

Robert Wolff. Stefan George in Darstellungen der bildenden Kunst. Bingen 1983.

Robert Wolff. Der Freund der Fluren, in: Heimatjahrbuch Landkreis Mainz-Bingen 1988.

*zu Hesse (S. 123 ff.)*

Hermann Hesse. Gesammelte Werke. Band 1. Peter Camenzind. Frankfurt am Main 1970.

Hermann Hesse. Die Kunst des Müßiggangs. Kurze Prosa aus dem Nachlaß. Herausgegeben und mit einem Nachwort von Volker Michels. Frankfurt am Main 1973.

Hermann Hesse. Kleine Freuden. Verstreute und kurze Prosa aus dem Nachlaß. Herausgegeben und mit einem Nachwort von Volker Michels. Frankfurt am Main 1977.

Hermann Hesse. Sämtliche Werke. Herausgegeben von Volker Michels. Band I. Frankfurt am Main 2001.

Die Nachdrucke der Texte von Hermann Hesse erfolgen mit freundlicher Genehmigung des Suhrkamp-Verlages, Frankfurt am Main.

*zu Ringelnatz (S. 131 ff.)*
Herbert Günther. Joachim Ringelnatz in Selbstzeugnissen und Bilddokumenten. Reinbek 1964.

Joachim Ringelnatz. Und auf einmal steht es neben dir. Berlin 1966. Gedichtabdruck (Auszug) mit freundlicher Genehmigung des Diogenes Verlag AG, Zürich.

Joachim Ringelnatz. Als Mariner im Krieg. Berlin 1928.

Joachim Ringelnatz. Reisebriefe eines Artisten. Berlin 1927.

*zu Zuckmayer (S. 135 ff.)*
Erwin Messmer. Momente kosmischer Heiterkeit, in: du – Die Zeitschrift der Kultur. 1994 Heft 12.

Carl Zuckmayer. Was weiß die Welt vom Wein, in: Wein, Genuß und Kultur. Mainz 1989. Abdruck mit freundlicher Genehmigung des Woschek-Verlages, Mainz.

Carl Zuckmayer. Reif und süß in der Seele, in: Das Weinblatt 1960 Heft 53/53.

Carl Zuckmayer. Der fröhliche Weinberg. Frankfurt am Mainz 1968.

Carl Zuckmayer. Gedichte. Frankfurt am Main 1977.

*Allgemeine und übergreifende Literatur*
Treibstoff Alkohol. Die Dichter und die Flasche, in: du – Die Zeitschrift der Kultur. 1994 Heft 12.

Meinard Maria Grewenig. Mysterium Wein. Die Götter, der Wein und die Kunst. Historisches Museum der Pfalz. Speyer 1996.

Hans-Jörg Koch. Der Wein im Leben deutscher Dichter und Künstler, in: Illustrierte Wein-Zeitung (Deutsche Wein-Zeitung) 1952 Heft 15/16.

Vom Schreiben 3, Alkoholica 1 und 2, in: Marbacher Magazin 1995 (71). Herausgegeben von der Deutschen Schillergesellschaft Marbach am Neckar (Ulrich Ott). Redaktion Friedrich Pfäfflin, Bearbeitung Petra Plättner.

Nachdruckgenehmigungen der Rechtsinhaber sind erteilt und zusätzlich entweder durch gewünschte Vermerke bei den Quellenangaben oder durch die Dankadressen (S. 155 ff.) kenntlich gemacht. Soweit ausnahmsweise die Berechtigten nicht festzustellen waren, werden rechtmäßige Ansprüche vom Verlag nach Anforderung abgegolten.

146

# Verzeichnis der Abbildungen

S. 23: Das Gutenbergfaß im historischen Faßkeller der Sektkellerei Kupferberg, Mainz. Aus vollem Eichenholz geschnitzt von Franz Vlasdeck anläßlich der Gutenbergfeier der Stadt Mainz im Jahre 1900. Mit Stadtansichten um 1400 und 1900. Eine Kopie des Fasses steht im Hof des Mainzer Gutenbergmuseums.
S. 27: Robert Gernhardt. Siehe unter »Quellen und Hinweise« (S. 141).

## »Wein macht munter geistreichen Mann«
(in der Reihenfolge der Dichter und Künstler)

*zu Lessing*
S. 32: Illustration zu »Für wen ich singe«. Aus: Gotthold Ephraim Lessing's Werke. Herausgegeben von Heinrich Laube. Illustrierte Prachtausgabe. Erster Band. Wien, Leipzig 1880. Die Illustrationen stammen nicht von Laube (er war Direktor am Wiener Burgtheater), sondern von Wiener Künstlern.

*zu Lichtenberg*
S. 35: Georg Christoph Lichtenberg im Jahre 1791. Kupferstich von Johann Heinrich Schwenterley (1749–1814), ursprünglich Miniaturbildnismaler, ab 1790 in Göttingen Universitäts-Kupferstecher.
Städtisches Museum Göttingen und Universitätsbibliothek Göttingen, Handschriftensammlung. Foto: Dr. habil. Ulrich Joost, Technische Universität Darmstadt.

*zu Goethe*
S. 41: Burgunderflasche aus grünlichem Glas, mit Goethes Petschaft versiegelt. Standort: Goethehaus, Arbeitszimmer. Stiftung Weimarer Klassik. Goethe-Nationalmuseum. Inv. Nr. 1207. Foto: Sigrid Geske.
S. 45: Brief Goethes an Christiane vom 18. 1. 1811. Stiftung Weimarer Klassik. Goethe-Schiller-Archiv. GSA 37/IX,5,3, Bl. 111. Foto: Angelika Kittel.

*zu Schiller*
S. 50: Brief von Friedrich von Schiller an Johann Friedrich Cotta in Tübingen vom 9. August 1803. Schiller-Nationalmuseum und Deutsches Literaturarchiv Marbach. Sign. 7677/15.
S. 51: Weinrömer, grünes Glas, gehörte nach der Überlieferung zu Schillers Haushalt. Gravur auf der silbernen Plakette am Fuß: »Aus Schillers Nachlass v. C. v. Wolzogen.« Schiller-Nationalmuseum und Deutsches Literaturarchiv Marbach. Sign. 7718/12.

*zu Jean Paul*
S. 57: Brief Jean Pauls vom 5. Dezember 1806 an Emanuel Osmund. Privatbesitz.

*zu Beethoven*
S. 63: Brief Beethovens vom 22. Februar 1827 an den Musikverlag Schott in Mainz. Stadtarchiv Mainz.

*zu Hoffmann*

S. 67: Devrient und Hoffmann. Federzeichnung von Hoffmann in einem Brief an Devrient. Um 1818. Staatsbibliothek Bamberg. Sign. 75 1294/2.

S. 69: Hermann Kramer. Hoffmann und Devrient in Lutter & Wegner zu Berlin. Öl auf Leinwand. 1843. Besitzer und Fotografie: Stadtmuseum Berlin. Inv. Nr. VII 59/887 X.

*zu Schubert*

Frontispiz und S. 76: Franz Lachner. Schubert und Eduard von Bauernfeld in Grinzing. Kolorierte Federzeichnung von Schwind. Aus der »Lachnerrolle«. 1862. Direktion der Museen der Stadt Wien. HM Inv. Nr. 104 500/Detail. Auch bei: Ernst Hilmar. Schubert. Granz 1989. Abb. Nr. 122. Desgl. bei: Bernhard Paumgartner. Schubert. 5. Auflage. Zürich 1947. Ferner bei: Reinhard Göltl. Franz Schubert und Moritz von Schwind. München 1989.

S. 78: Trinklied von 1825. Manuskript-Wiedergabe aus Friedrich Georg Zeileis. Katalog einer Musik-Sammlung. Gallspach 1992. Der lateinische Text des Trinkliedes stammt aus: Historische Antiqitäten. Herausgegeben von Rittgräff. Wien 1815. Dazu auch: Franz Schubert. Neue Ausgabe sämtlicher Werke. Herausgegeben von der Internationalen Schubert-Gesellschaft. Serie III Band 4 (vorgelegt von Dietrich Berke). Kassel 1974. Serie VIII Band 5 (gesammelt und erläutert von Otto Erich Deutsch). Kassel 1964.

*zu Heine*

S. 81: Federzeichnung von Carl Schellenberg zu »Deutschland, ein Wintermärchen« Cap. XXIII. Links oben Heine, rechts oben sein Verleger Julius Campe. Original und Fotos: Heinrich-Heine-Institut, Düsseldorf. Negativ Nr. 1575.

S. 157: Heinrich Heine beim Wein. Heinrich Heines Werke. Illustriert von Wiener Künstlern. Herausgegeben von Heinrich Laube. Dritter band. Wien – Leipzig – Prag 1886. Illustration zum Cap. IV des »Wintermärchens«. Foto: Heinrich-Heine-Institut, Düsseldorf.

*zu Wagner*

S. 87: Brief vom 1. Juni 1867 an die Weinhandlung Christian Lauteren in Leipzig. Stadtgeschichtliches Museum Leipzig, Autographensammlung.

*zu Keller*

S. 93: Ernst Würtenberger (1868–1934). Die großen Schweiger. Arnold Böcklin und Gottfried Keller beim Schoppen Wein. Gemalt 1905. Das Bild war einmal im Besitz der Zunft Hottingen, Zürich, heutiger Besitzer unbekannt. Eine Farbskizze als Entwurf befindet sich im Ernst-Würtenberger-Archiv, Freiburg. Rechte am Bild: Prof. Dr. Thomas Würtenberger, Freiburg.

*zu Böcklin*

S. 99: Selbstbildnis mit Weinglas. 1885. Staatliche Museen zu Berlin.

Preußischer Kulturbesitz. Nationalgalerie. Inv. Nr. A II 413. Fotoarchiv: F 17712 a. Foto: Klaus Göken. Desgl. Böcklin-Archiv Dr. h. c. Hans Holenweg, Pratteln, Schweiz.

*zu Busch*

S. 6: Druckvorlagen zu »Die Haarbeutel« (Einleitung) von 1878. Wilhelm-Busch-Gesellschaft e. V., Hannover.

S. 102: Wilhelm Busch mit Weinglas. Foto von Lührkoop, Hamburg, aufgenommen am 11. April 1904 bei seinem Besuch in Mechtshausen (wo B. wohnte).

S. 104: Brief von Wilhelm Busch an Otto Bassermann vom 6. August 1873. Wilhelm-Busch-Gesellschaft e. V., Hannover.

S. 105: Selbstbildnis mit Weinglas. Öl auf Nadelholz. Aus dem Besitz von Pastor Otto Nöldeke, dem Neffen von Wilhelm Busch. 1908 von Reichsrat Ernst Graf Moy erworben und im selben Jahr der Bayerischen Staatsgemäldesammlung geschenkt. Entstanden zwischen 1869 und 1872.
Bayerische Staatsgemäldesammlung. Neue Pinakothek, München. Inv. Nr. 8524. Foto: ARTOTHEK, Spezialarchiv für Gemäldefotografie, Peissenberg.

*zu Rosegger*

S. 110: Rosegger um 1893. Fotografiert von Franz Josef Böhm. Archiv der Rosegger-Gesellschaft, Mürzzuschlag (Steiermark).

*zu Hauptmann*

S. 114 ff.: Briefe Hauptmanns: vom 28. 2. 1944 an Fritz Bühler & Söhne, Freiburg (in Besitz der Kaiserstühler Winzergenossenschaft Ihren eG) und vom 25. Juni 1944 an Herrn Hufnagel, Inhaber der »Krone Assmannshausen« (in deren Besitz).

*zu Binding*

S. 118: Gedenkstein. Foto Celia Arns. Firma Ausduck, Enkirch. Im Besitz der Touristik- und Kur GmbH & Co. KG Traben-Trarbach.

*zu George*

S. 121: Alexander Zschokke. Feier-Abend. Ölgemälde. 1937. Mit Selbstbildnis des Künstlers (vorn links). Zschokke hat zahlreiche Skulpturen und Portraits von George geschaffen. Siehe auch Robert Wolff, Stefan George in Darstellungen der bildenden Kunst. Bingen 1983.
Eigentümer und Standort: privat. Foto: Kurt Wyss, Basel.

*zu Hesse*

S. 125: Mit Korbflasche in Montefalco (Toskana). 1906.

S. 127: Mit einem Glas Rotwein im Lehnstuhl. München um 1907.
Beide Fotos: Suhrkamp-Verlag/Hesse-Archiv Volker Michels. Frankfurt am Main.

*zu Ringelnatz*

S. 132: Ringelnatz auf der Bühne des Simpl.Zeichnung von Hans Stengel. Aus dem Programmheft des Simplicissimus. Original in der Sammlung

150

Nachlaß Herbert Günther. München. Einband Rückseite zu Herbert Günther. Joachim Ringelnatz in Selbstzeugnissen und Bilddokumenten. Reinbek 1964. Rowohlt Verlag.

S. 134: Weinglas mit Schreibfeder auf Podest mit Ringelnatz-Konterfei. Zeichnung von Karl Arnold. Frontispiz zu Joachim Ringelnatz, Kuttel Daddeldu. München 1923. Schiller-Nationalmuseum und Deutsches Literatur-Archiv Marbach.

*zu Zuckmayer*

S. 137: Carl Zuckmayer im Mai 1970 in der Weinstube »Kirschgarten«. Stadtarchiv Mainz. Foto Klaus Benz.

*Vorsatz vorn und hinten*

Traubenbank (Ausschnitt), Pfarrkirche Kiedrich im Rheingau; geschnitzt von Erhart Falckener, 1510. Abb. nach einer Photovorlage von Norbert Brettschneider.

Die benannten Rechtsinhaber und Eigentümer der Abbildungen haben deren Reproduktion genehmigt (vgl. hierzu auch die Dankadressen Seite 155 ff.). Soweit im Einzelfall Berechtigte nicht ermittelt werden konnten, werden rechtmäßige Ansprüche vom Verlag nach Anforderung erfüllt.

# Namensregister

# Dank

allen, die geholfen haben, daß dieses Buch entstehen konnte – durch Genehmigung von Textabdruck oder Bildveröffentlichung, durch Auskünfte, Hinweise und auf andere Art –, besonders aber folgenden Museen, Archiven, Verlagen, Gesellschaften und anderen Institutionen sowie Personen:

Bayerische Staatsgemäldesammlungen, München
Weingut Geheimer Rat Dr. von Bassermann-Jordan, Deidesheim
Beethoven-Haus Bonn (S. Brandenburg)
Bertelsmann Buch und Medien Vertrieb GmbH, Rheda-Wiedenbrück
Wilhelm-Busch-Gesellschaft e. V., Hannover (Monika Herlt)
S. Fischer Verlag, Frankfurt (Volker Michels)
Forschungsanstalt Geisenheim, Bibliothek (Sabine Muth)
Gerhardt-Hauptmann-Stiftung, Kloster auf Hiddensee (Dr. Sonja Kühne)
Heinrich-Heine-Institut, Düsseldorf (Marianne Tilch)
E. T. A. Hoffmann-Gesellschaft e. V., Bamberg (Dr. Reinhard Heinritz)
Johannes Gutenberg-Universität Mainz, Musikwissenschaftliches Institut (Ulrike Krell)
Kaiserstühler Winzergenossenschaft Ihringen e. G. (Sonja Höferlin)
Gottfried Keller-Gesellschaft, Zürich (Dr. Rainer Diedrich)
Gottfried-Keller-Zentrum, Glattfelden/Schweiz (Konrad Erni)
»Krone Assmannshausen«
Kulturgeschichtliches Museum Wurzen (Angelika Wilhelm)
C. Lauteren Sohn, Weinkontor, Hochheim (Richard Kromer)
Lessing-Museum Kamenz (Edeltraud Schnappauf)
Lichtenberg-Gesellschaft Oberramstadt e. V., Darmstadt
Museen der Stadt Wien
Jean-Paul-Museum Bayreuth
Preußischer Kulturbesitz Berlin
A. Racke GmbH, Bingen am Rhein (Dr. Klaus Berking)
Rosegger-Gesellschaft, Mürzzuschlag/Österreich (Magister Rudolf Glettler)
Rowohlt Taschenbuch-Verlag, Reinbek (Katrin Finkemeier)
Sammlung (Nachlaß) Herbert Günther, München
Schiller-Nationalmuseum/Deutsches Literaturarchiv, Marbach (Petra Plättner)
B. Schott's Söhne, Musikverlag, Mainz (Dorothee Härtter)
Staatsbibliothek Bamberg

Stadtarchiv Mainz (Dr. Friedrich Schütz)
Stadtgeschichtliches Museum Leipzig (Kerstin Sieblist)
Stadtmuseum Berlin
Stadtverwaltung Osthofen
Stefan George-Archiv, Stuttgart (Dr. Ute Oehmann)
Stefan-George-Gesellschaft e. V., Bingen am Rhein (Dr. Siegfried Grimm)
Stiftung Weimarer Klassik, Weimar (Angelika Barthel, Karin Ellermann)
Suhrkamp-Verlag, Frankfurt (Volker Michels)
Verkehrsamt und Kurverwaltung Traben-Trarbach (Ingrid Ströher)
Woschek-Verlag, Mainz (Heinz-Gert Woschek)
Zürcher Kantonalbank, Zürich
Zunft Hottingen, Zürich (Dr. Herbert Neher)

Professor Dr. Helmut Arntz, Bad Honnef
Erna Christoffel, Zerf/Mosel
Professor Dr. Paul Claus, Geisenheim
Dieter Eichenberg, Wiesbaden
Robert Gernhardt, Frankfurt
Professor Dr. habil. Karl-Diether Gussek, Halle
Dr. David M. Hoffmann, Basel
Dr. h. c. Hans Holenweg, Pratteln/Schweiz
Dr. habil. Ulrich Joost, Darmstadt
Ursula Jung, Rüdesheim
Felix Landolt, Zürich
Dr. Anton Maria Keim, Mainz
Fritz Mahrer, Krems/Donau
Dr. Fritz Schumann, Bad Dürkheim-Ungstein
Monsignore Hermann Sturm, Alzey
Dr. Dieter Weber, Würzburg
Nikolai Worontsow, München
Professor Dr. Thomas Würtenberger, Freiburg
Petra Zschokke, Basel

# Nachlese

Der Rheinwein glänzt noch
immer wie Gold
Im grünen Römerglase,
Und trinkst du etwelche
Schoppen zuviel,
So steigt er dir in die Nase.

Heinrich Heine beim Wein.
Illustration zu Cap. IV
des »Wintermärchens«, wo
diese Verse gemeint sind.

(Anmerkung: Wein macht sich zwar eher in Kopf und Beinen bemerkbar, aber
auch der Dichter Heine mußte einen Reim finden.)

… und schließlich Paul Heyse (1830–1914):

*Im Weine wie spiegelt die Welt sich so schön,*
*Wer fastet und klügelt, wird's nimmer versteh'n.*
*Drum Flaschen entsiegelt und Herzen entzügelt*
*Und Geister beflügelt zu himmlischen Höh'n.*

## Weitere Bücher von Hans-Jörg Koch über den Wein

Trunkene Stunden (1958)
*Eine Spätlese heiterer Weinweisheit*

Eingefang'ner Sonnenschein (1958)
*Ein rheinhessisches Weinbrevier*

Wein für Ketzer und fromme Leut (1962)
*Vom geistlichen und vom weltlichen Wein*

Worte vom Wein (1967)
*Von Ovid bis Zuckmayer*

Weingeschichten – erlebt, erlauscht, erdichtet (1967)
*Eine Anthologie ausgewählter Weinprosa*

Bacchus vor Gericht (1970)
*Ein Weinsünden-Panoptikum*

Kneipen, Krätzer und Kreszenzen (1972)
*Ein literarisches Weinkarussell*

Im Zeichen des Dionysos (1973)
*Weinbruderschaften im Wandel der Zeiten*

Immerwährender Weinkalender (1974)
*Lyrisch-astrologisch-meteorologisch-kulinarische Monatsblätter*

Weinland Rheinhessen (1976)
*Entdeckungs- und Genießerfahrten*

Rheinhessischer Weinquellenführer (1979)
*Weinstuben, Gutsschänken, Straußwirtschaften und Weinprobierkeller*

Weinparadies Rheinhessen (1982)
*Reben, Kultur, Land und Leute*

Einkehr beim Rheinhessenwein (1985)
*Ein weingastronomischer Führer*

Rheinhessisches Weinlexikon (1995)*

Wein (1998)
*Eine kleine kulinarische Anthologie*

* Im Verlag Philipp von Zabern

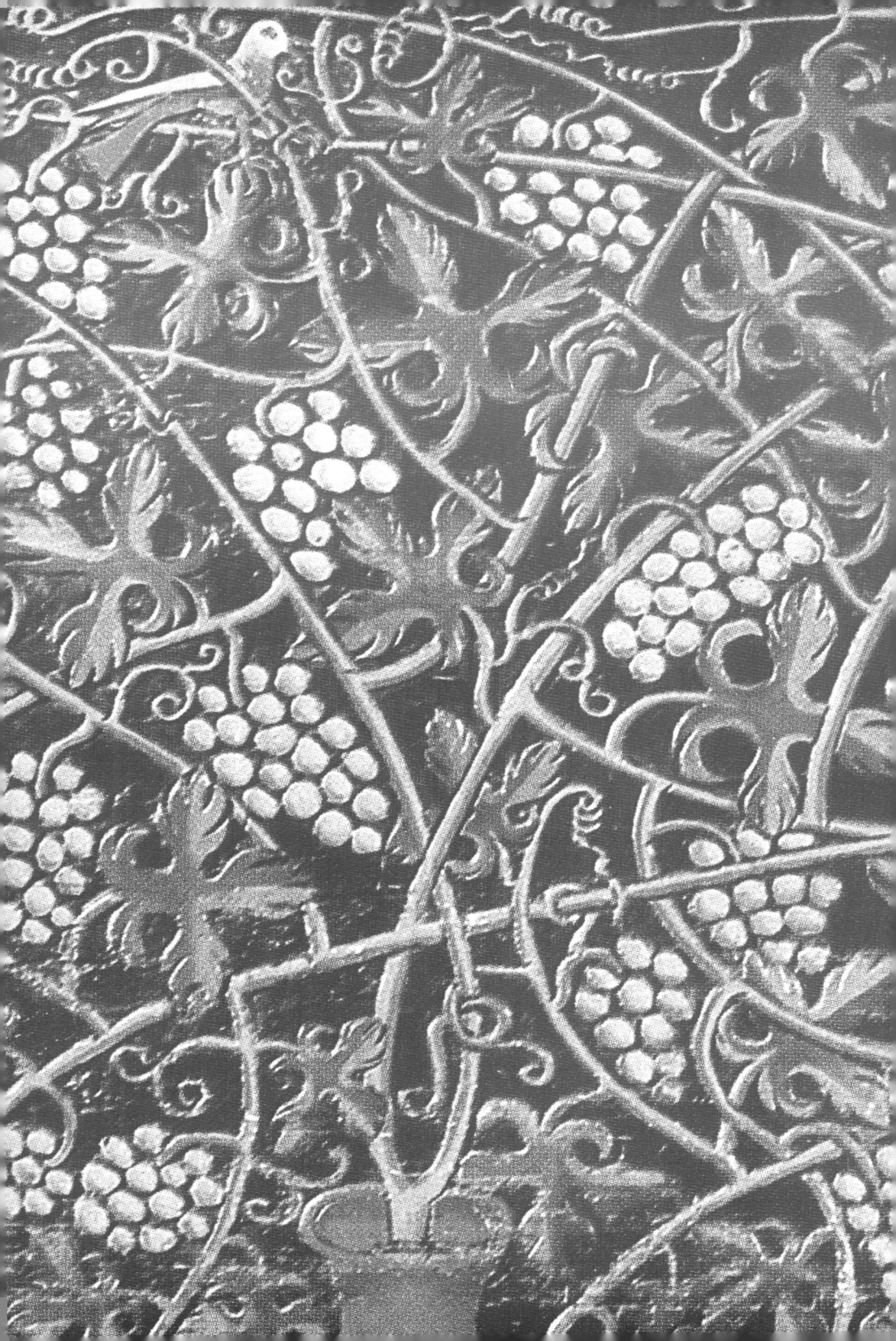